乡村振兴背景下的乡村旅游发展研究

刘 邓 ◎ 著

吉林出版集团股份有限公司

版权所有　侵权必究
图书在版编目（CIP）数据

乡村振兴背景下的乡村旅游发展研究 / 刘邓著. —
长春：吉林出版集团股份有限公司，2023.6
　　ISBN 978-7-5731-3720-3

Ⅰ. ①乡… Ⅱ. ①刘… Ⅲ. ①乡村旅游－旅游业发展
－研究－中国 Ⅳ. ①F592.3

中国版本图书馆 CIP 数据核字（2023）第 116895 号

乡村振兴背景下的乡村旅游发展研究
XIANGCUN ZHENXING BEIJING XIA DE XIANGCUN LÜYOU FAZHAN YANJIU

著　　者：	刘　邓
出版策划：	崔文辉
责任编辑：	杨　蕊
封面设计：	许　康
出　　版：	吉林出版集团股份有限公司
	（长春市福祉大路 5788 号，邮政编码：130118）
发　　行：	吉林出版集团译文图书经营有限公司
	（http://shop 34896900.taobao.com）
电　　话：	总编办：0431-81629909　　营销部：0431-81629880/81629900
印　　刷：	山东彩峰印刷股份有限公司
开　　本：	710mm×1000mm　　1/16
字　　数：	202 千字
印　　张：	12
版　　次：	2024 年 3 月第 1 版
印　　次：	2024 年 3 月第 1 次印刷
书　　号：	ISBN 978-7-5731-3720-3
定　　价：	78.00 元

如发现印装质量问题，影响阅读，请与印厂联系调换。电话：18612868918

前　言

乡村旅游是乡村振兴事业的重要组成部分，也是实现乡村振兴的主要动力和保障。近年年，我国乡村旅游的游客年均增长在 20%左右，基本上形成了分布广泛、业态多元、特色鲜明的乡村旅游产品供给体系，有效推进了各地乡村振兴战略的实施。当前乡村振兴过程中仍存在着诸如古村落保护与文化挖掘相对欠缺、乡村特色产业普遍缺乏、乡村区域协同发展不足和长效管理机制建设滞后等问题。实践证明，旅游业是乡村振兴的有效推动力，如何借助乡村旅游破解当前乡村振兴的诸多问题，对于全面推进乡村振兴事业具有非常重要的现实意义，这也是撰写本书的初衷，希望能够通过本书的研究为我国乡村旅游事业的发展和乡村振兴战略的实施略尽绵力。

本书立足于我国乡村振兴的社会背景，从我国乡村旅游的基本情况出发，分七章对乡村振兴背景下的乡村旅游发展进行了分析和研究，第一章是乡村振兴与乡村旅游，包括乡村振兴、乡村旅游的认识与解读，以及二者的关系；第二章为乡村振兴背景下乡村旅游资源的开发与保护，包括乡村旅游资源及其特征、开发和保护等内容；第三章为乡村旅游的发展内容，主要包括乡村旅游餐饮、住宿、交通、观光、购物、娱乐等内容；第四章为乡村旅游的发展模式，分析研究了开发模式、经营模式、社区参与、乡村旅游合作社、乡村民宿的发展等内容；第五章为乡村旅游的科学管理，包括科学管理及其对旅游管理的启示、乡村旅游管理体制分析、乡村旅游环境的规划管理、乡村旅游管理政策优化等内容；第六章为乡村旅游的发展的保障体制构建，包括乡村旅游管理体制保障、制度保障以及项目资金保障等内容；第七章为乡村振兴背景下乡村旅游模式的创新升级，从打造创意的休闲聚落、主题庄园和度假之乡三个角度进行了分析和研究。

本书在写作过程中参考了众多专家学者的研究成果，在此表示诚挚的感谢！由于时间和精力的限制，本书的内容可能会存在一定疏漏，恳请广大读者批评指正！

作　者
2023 年 1 月

目 录

第一章 乡村振兴与乡村旅游 1
- 第一节 乡村振兴的认识 1
- 第二节 乡村旅游的认识与解读 11
- 第三节 乡村振兴与乡村旅游的关系 22

第二章 乡村振兴背景下乡村旅游资源的开发与保护 31
- 第一节 乡村旅游资源及其特征 31
- 第二节 乡村旅游资源的开发 36
- 第三节 乡村旅游资源的保护 48

第三章 乡村旅游的发展内容 56
- 第一节 乡村旅游餐饮 56
- 第二节 乡村旅游住宿 62
- 第三节 乡村旅游交通 69
- 第四节 乡村旅游观光 75
- 第五节 乡村旅游购物 80
- 第六节 乡村旅游娱乐 86

第四章 乡村旅游的发展模式 93
- 第一节 乡村旅游开发模式 93
- 第二节 乡村旅游经营模式 96
- 第三节 乡村旅游社区参与 105
- 第四节 乡村旅游合作社发展 109
- 第五节 乡村民宿的发展 116

第五章 乡村旅游的科学管理 125
- 第一节 科学管理及其对旅游管理的启示 125
- 第二节 乡村旅游管理体制分析 127
- 第三节 乡村旅游环境的规划管理 136

第四节　乡村旅游管理政策优化……………………………………144

第六章　乡村旅游的发展的保障体制构建………………………………151

　　第一节　乡村旅游管理体制保障……………………………………151
　　第二节　乡村旅游政策制度保障……………………………………156
　　第三节　乡村旅游项目资金保障……………………………………162

第七章　乡村振兴背景下乡村旅游模式的创新升级……………………167

　　第一节　形成富有创意的休闲聚落……………………………………167
　　第二节　建设别具特色的主题庄园……………………………………171
　　第三节　打造高端大气的度假之乡……………………………………175

参考文献…………………………………………………………………………185

第一章 乡村振兴与乡村旅游

第一节 乡村振兴的认识

2017年,党中央提出实施乡村振兴战略。实施乡村振兴战略推动农业农村现代化的重大战略部署,是当今开展"三农"工作的总抓手。为了进一步深化乡村振兴战略,从2018年起,党中央先后发布《中共中央 国务院关于实施乡村振兴战略的意见》《乡村振兴战略规划(2018—2022年)》《关于全面推进乡村振兴加快农业农村现代化的意见》等一些关于乡村振兴战略的文件,在文件中明确指出了实施乡村振兴战略的指导思想、目标任务、基本原则等农业农村发展的相关内容。本书以乡村振兴与乡村旅游为研究对象,把乡村振兴战略作为研究起点,详细梳理通过开展乡村旅游促进乡村振兴,为进一步研究奠定基础。

一、乡村振兴战略的提出与内涵

如今,我国农业农村发展进入新阶段。党中央深刻把握农业农村发展现状和当前我国经济社会发展需要,把农业农村工作作为全党工作的重中之重深入推进。

为此,党的十九大报告提出:"坚持农业农村优先发展,按照产业兴旺、生态宜居、乡风文明、治理有效、生活富裕的总要求,建立健全城乡融合发展体制机制和政策体系,加快推进农业农村现代化。"以此为基础,进一步对实施乡村振兴战略的内涵、原则、目标、要求、任务等进行研究。

(一)乡村振兴战略的提出

一直以来,党中央始终把"三农"问题作为工作的重中之重,持续推进农业农村快速发展。党和政府高度重视农业农村发展,并取得一定成效。农村经济发展带动农业产业发展,农业生产效率不断提升,农业综合生产能力大幅增长,粮食产量稳步提升。农村基本医疗卫生等公共服务水平不断提升，部分公共服务水平趋近于城市水平。随着我国精准扶贫战略的大力实施，我国的贫困人口由 2013 年的 8 249 万人减少到 2017 年的 3 046 万人，减少了 5 203 万人，2020 年我国如期完成了脱贫攻坚目标任务，农村贫困人口全部脱贫，消除了绝对贫困和区域性整体贫困，近 1 亿贫困人口实现脱贫，取得了令全世界刮目相看的重大胜利。近几年，我国农村经济建设稳步提升，物质产品极大丰富，为实施乡村振兴战略提供了重要的发展基础。

但需要注意的是，当前我国农村仍然存在许多问题，我国发展不平衡、不充分问题在乡村最为突出。在过去，我国农村发展以资源消耗、环境污染为代价，导致了农村生态资源趋紧，环境污染严重。水资源、耕地资源是农业发展必不可少的资源，也是农村最宝贵的财富。长期以来，我国农村始终存在水资源、耕地资源短缺的问题，我国用世界 7%的耕地养活了 22%的人口。在质量上，我国中等耕地和低等耕地占总耕地面积比重超过三分之二。农业用水损失率超过 50%，普遍高于发达国家和部分发展中国家。在优质农产品供给上，供需不平衡，供给短缺的问题十分明显。我国农村在传统的农业生产模式下，化肥、农药过量使用，导致农产品质量严重受损，食品安全问题依然存在。农村问题还表现在农村资源闲置。

由于我国农村经济长期落后于城市，导致大量的农民进城务工，房屋废弃、闲置的情况比较普遍。长时间以后，农村房屋整体呈现脏、旧、乱的情况。部分地区农村比较偏僻、地形复杂，以深丘、山地为主的村土地撂荒现象依然存在。随着我国经济社会快速发展，农村存在的种种问题已经严重制约着我国现代化建设，必须要加以解决。

实施乡村振兴战略是在我国经济持续向好、农业农村发展取得显著成就的基础上提出的推进我国城乡协调发展，解决农村突出问题的重要战略部署。《中共中央 国务院关于实施乡村振兴战略的意见》进一步明确，实施乡村振兴战略"要统筹推进农村经济建设、政治建设、文化建设、社会建设、生态文明建设和党的建设，加快推进乡村治理体系和治理能力现代化，加快推进农业农村现代化，走中国特色社会主义乡村振兴道路"。至此，乡村振兴战略正式在我国确立。

（二）乡村振兴战略的内涵

当前，基于我国社会主要矛盾的变化，乡村振兴被赋予了更加丰富的内涵。从党中央对乡村振兴战略的论述来看，其内涵包括以下几个方面：

对乡村振兴规律认识的深化。在党的十九大报告中，习近平总书记根据当前我国发展阶段和社会主要矛盾变化，提出并深入阐释了实施乡村振兴战略的重大决策部署。在2017年底召开的中央农村工作会议上，他从农业农村农民三个维度，强调要举全党全国全社会之力，"推动农业全面升级、农村全面进步、农民全面发展，谱写新时代乡村全面振兴新篇章"。

2018年1月30日，他在主持中共中央政治局第三次集体学习时强调，"乡村振兴是一盘大棋，要把这盘大棋走好"。同年3月8日，在参加十三届全国人大一次会议山东代表团审议时，他从推动乡村产业振兴、人才振兴、文化振兴、生态振兴、组织振兴五个方面，系统阐述了乡村振兴的目标任务和实现路径。同年9月21日，在主持中共中央政治局第八次集体学习时，他进一步系统阐述了实施乡村振兴战略的总目标、总方针、总要求和制度保障：农业农村现代化是实施乡村振兴战略的总目标，坚持农业农村优先发展是总方针，产业兴旺、生态宜居、乡风文明、治理有效、生活富裕是总要求，建立健全城乡融合发展体制机制和政策体系是制度保障。从"三个全面"到"五个振兴"再到"三总一保障"，这些新理念新思想新部署体现了我们党对乡村振兴规律认识的深化。

坚持农业农村优先发展总方针。农业农村农民问题是关系国计民生的根本性问题，必须始终把解决好"三农"问题作为全党工作重中之重。党的十九大报告指出，要坚持农业农村优先发展。今年的中央一号文件强调，要牢固树立农业农村优先发展政策导向，把落实"四个优先"的要求作为做好"三农"工作的头等大事，优先考虑"三农"干部配备，优先满足"三农"发展要素配置，优先保障"三农"资金投入，优先安排农村公共服务。坚持农业农村优先发展，是党中央为加快补齐农业农村短板做出的重大部署，是决胜全面建成小康社会和全面建成社会主义现代化强国的必然要求，也是推进新时代中国特色社会主义建设必须坚持的一项重要战略原则和政策导向。在干部配备、要素配置、资金投入、公共服务等方面把农业农村发展放在优先位置，是一个重大理论和政策创新。

构建新型工农城乡关系。走中国特色社会主义乡村振兴道路，必须重塑城乡关系，走城乡融合发展之路。党的十九大报告指出，建立健全城乡融合发展体制机制和政策体系，加快推进农业农村现代化。2017年底召开的中央农村工作会议指出，逐步建立健全全民覆盖、普惠共享、城乡一体的基本公共服务体系，让符合条件的农业转移人口在城市落户定居，推动新型工业化、信息化、城镇化、农业现代化同步发展，加快形成工农互促、城乡互补、全面融合、共同繁荣的新型工农城乡关系。这些重要论述的核心是把城市和农村看成一个有机整体或者说发展共同体，通过城乡要素、产业、居民、社会和生态等的全面融合，构建新型工农城乡关系，实现工农城乡共建共享。这进一步丰富了马克思主义城乡关系理论，为推进城乡融合发展指明了方向和路径。

补齐农业现代化短板。推进我国社会主义现代化建设，必须尽快补齐农业现代化这块短板，加强农村现代化这个薄弱环节。因此，习近平总书记在党的十九大报告中提出了"加快推进农业农村现代化"的思想，把过去单纯的农业现代化概念拓展为农业农村现代化，其内涵更加丰富、科学，更加符合新时代要求。以习近平总书记为核心的党中央对如何推进农业农村现代化做出总体安排和部署，明确提出到2035年农业农村现代化基本实现，到2050年乡村全面振兴，农业强、农村美、农民富全面实现。全面实现农业强、农村美、农民富，是全面实现农业农村现代化的主要标志，也是实现乡村全面振兴的根本目标。正如习近平总书记在参加十三届全国人大一次会议山东代表团审议时所指出的，农业强不强、农村美不美、农民富不富，决定着全面小康社会的成色和社会主义现代化的质量。

坚持质量兴农、绿色兴农。近年来，我国农产品供应日益丰富，总体上解决了农产品供给总量不足的问题，但农产品质量和安全问题仍然突出，优质、绿色、安全的农产品还远不能满足城乡居民需要。实现农业高质量发展，关键是把质量兴农、绿色兴农作为核心任务，提高农业供给体系质量和效率。党的十九大以来，习近平总书记多次强调"坚持质量兴农、绿色兴农"，并强调要以农业供给侧结构性改革为主线，加快构建现代农业产业体系、生产体系、经营体系，提高农业创新力、竞争力和全要素生产率，加快实现由农业大国向农业强国转变。这些重要论述丰富了现代农业发展理论，对于促进农业高质量发展、建设现代化农业强国具有重要意义。

实现小农户和现代农业发展有机衔接。我国人多地少，小规模家庭经营是我国农业生产经营的主要组织形式。在新时代，如何充分发挥小农生产的作用，处理好小农生产与新型农业经营主体的关系，把小农生产引入现代农业发展轨道，是一个亟待破解的难题。习近平总书记在党的十九大报告中明确提出"实现小农户和现代农业发展有机衔接"的重要部署。今年的中央一号文件进一步指出，落实扶持小农户和现代农业发展有机衔接的政策，完善"农户+合作社""农户+公司"利益联结机制。实现小农户和现代农业发展有机衔接，是立足我国国情农情的重要理论和实践创新，对推动现代农业发展和适度规模经营具有重要意义。

推进乡村治理现代化。乡村治理是国家治理的基石，治理有效是乡村振兴的基础。习近平总书记多次强调，要加快推进乡村治理体系和治理能力现代化。我国农村地域辽阔，村庄类型多样，乡村治理必须立足国情农情，走中国特色乡村善治之路。所谓"善治"，就是良好有效的治理。为此，要健全自治、法治、德治相结合的乡村治理体系；建立健全党委领导、政府负责、社会协同、公众参与、法治保障的现代乡村社会治理体制；健全和创新村党组织领导的充满活力的村民自治机制。自治、法治、德治相结合的乡村治理体系，是符合中国国情特点的更加完善有效、多元共治的新型乡村治理体系。其中，自治是基础，法治是根本，德治是先导。自治、法治、德治有机结合，构成乡村治理的完整体系，是乡村社会充满活力、和谐有序的重要保证。

促进脱贫攻坚与乡村振兴有机结合。打好脱贫攻坚战，是全面建成小康社会的底线任务。而实施乡村振兴战略则是一项长期的艰巨任务，需要长短结合、分步推进、稳扎稳打、久久为功。如何处理好二者关系？习近平总书记指出，要把脱贫攻坚同实施乡村振兴战略有机结合起来。这是重要的理论和实践创新。只有聚焦深度贫困地区、打好脱贫攻坚战，才能为乡村振兴奠定坚实基础。只有实现乡村振兴，才能从根本上解决贫困问题。当前，打好脱贫攻坚战，关键是打好深度贫困地区脱贫攻坚战，攻克贫困人口集中的乡村。

近年来，我们瞄准特定贫困群众精准帮扶，向深度贫困地区聚焦发力，激发贫困人口脱贫致富的内生动力。随着乡村振兴战略深入实施，脱贫攻坚的成果必将不断得到巩固和拓展，到2020年现行标准下农村贫困人口实现脱贫、贫困县全部摘帽、解决区域性整体贫困的目标一定能够实现。

二、乡村振兴战略的原则与目标

原则是行为的标准，目标是行为的导向。科学的原则和明确的目标为实施乡村振兴战略提供基本遵循和工作方向。

在《中共中央 国务院关于实施乡村振兴战略的意见》中，对于实施乡村振兴战略的基本原则和主要目标作了具体阐释。本书通过分析解读乡村振兴战略的基本原则和主要目标，为持续深入推动农业农村问题研究提供理论基础。

（一）实施乡村振兴战略的基本原则

实施乡村振兴战略有明确的基本原则。在《中共中央 国务院关于实施乡村振兴战略的意见》的文件中，明确指出实施乡村振兴战略的七项基本原则，成为实施乡村振兴战略的重要遵循。

（1）坚持党管农村工作。毫不动摇地坚持和加强党对农村工作的领导，健全党管农村工作领导体制机制和党内法规，确保党在农村工作中始终总揽全局、协调各方，为乡村振兴提供坚强有力的政治保障。

（2）坚持农业农村优先发展。把实现乡村振兴作为全党的共同意志、共同行动，做到认识统一、步调一致，在干部配备上优先考虑，在要素配置上优先满足，在资金投入上优先保障，在公共服务上优先安排，加快补齐农业农村短板。

（3）坚持农民主体地位。充分尊重农民意愿，切实发挥农民在乡村振兴中的主体作用，调动亿万农民的积极性、主动性、创造性，把维护农民群众根本利益、促进农民共同富裕作为出发点和落脚点，促进农民持续增收，不断提升农民的获得感、幸福感、安全感。

（4）坚持乡村全面振兴。准确把握乡村振兴的科学内涵中挖掘乡村多种功能和价值，统筹谋划农村经济建设、政治建设、文化建设、社会建设、生态文明建设和党的建设，注重协同性、关联性，整体部署，协调推进。

（5）坚持城乡融合发展。坚决破除体制机制弊端，使市场在资源配置中起决定性作用，更好地发挥政府作用，推动城乡要素自由流动、平等交换，推动新型工业化、信息化、城镇化、农业现代化同步发展，加快形成工农互促、城乡互补、全面融合、共同繁荣的新型工农城乡关系。

（6）坚持人与自然和谐共生。牢固树立和践行绿水青山就是金山银山的理念，落实节约优先、保护优先、自然恢复为主的方针，统筹山水林田湖草系统治理，严守生态保护红线，以绿色发展引领乡村振兴。

（7）坚持因地制宜、循序渐进。科学把握乡村的差异性和发展走势分化特征，做好顶层设计，注重规划先行、突出重点、分类施策、典型引路。既尽力而为，又量力而行；不搞层层加码，不搞一刀切，不搞形式主义；久久为功，扎实推进。

（二）实施乡村振兴战略的主要目标

进入 2023 年，乡村振兴战略目标任务是：到 2035 年实现中期目标以及到 2050 年实现长远目标，更好地以目标导向引领发展。

第一阶段：到 2035 年，乡村振兴取得决定性进展，农业农村现代化基本实现。在生态环境方面，生态环境得到根本性好转，人居环境明显好于城市水平，美丽宜居乡村基本实现。在产业发展方面，农业供给侧结构性改革进一步深化，农业结构得到根本性改善，农业综合生产力实现巨大提升，三产融合取得重大突破。在生活富裕方面，农民生活质量显著提升，相对贫困进一步缓解，实现城乡共同富裕稳步迈进。农村精神文化建设质与量协同发展，乡风文明达到新高度。农村基础设施建设水平达到城市水平，城乡基本公共服务均等化基本实现，城乡融合发展体制机制更加完善。在乡村治理方面，坚持党的领导持续深化，自治、法治、德治，三治融合取得重要成效，党的农村工作领导体制机制总体完善。

第二阶段：到 2050 年，乡村全面振兴，农业强、农村美、农民富全面实现。在这一阶段，按照乡村振兴战略产业兴旺、生态宜居、乡风文明、治理有效、生活富裕的总要求，乡村全面实现产业振兴、生态振兴、文化振兴、人才振兴、组织振兴，总体实现农业农村现代化。也就是说，作为社会主义现代化强国的重要组成部分，到 2050 年，全面实现乡村振兴，要把城乡一体化作为重要标准，总体表现为不仅要在生态环境方面超过城市水平，而且要在产业发展、乡风文明、乡村治理、生活质量等方面不落后于城市水平。

三、乡村振兴战略的要求与任务

实施乡村振兴战略要在"五位一体"总体布局下，要按照"二十个字"总要求，持续推进乡村五大振兴，最终努力实现农业农村现代化。

（一）乡村振兴战略的要求

党的十九大报告中明确把产业兴旺、生态宜居、乡风文明、治理有效、生活富裕作为实施乡村振兴战略的总要求。这五句话，二十个字不仅是对十六届五中全会提出的社会主义新农村建设的二十个字的简单丰富和发展，更是面向未来对农村建设提出了更高要求，需要结合当今乡村发展状况进一步理解。

产业兴旺是乡村振兴的重点，是实现农产业更高质量发展、农村经济更快速发展、农民生活水平更加富裕的必然要求。习近平总书记讲道："产业是发展的根基,产业兴旺,乡亲们收入才能稳定增长"。①产业发展不仅要农业兴,更要百姓旺,努力让乡村呈现五谷丰登、六畜兴旺、三产深度融合的新景象。实现产业兴旺要夯实农业生产能力基础,以农业供给侧结构性改革为主线,坚持质量兴农,推进农村质量和数量稳步提升;坚持绿色兴农,改善农村空气、土壤、水等生态环境问题,以更加严格的生态标准助力农业发展;坚持科技兴农,深化农业科技成果创新和转化应用,积极参与数字农业建设,通过科技的力量让产业发展驶入快车道。要构建三产融合发展体系,在第一产业稳定发展的基础上,拓展延伸农产品加工、农业观光旅游、健康养老等产业,促成集农业种植、养殖、加工、观光等于一体的产业发展体系。

生态宜居是乡村振兴的关键,是全面贯彻落实习近平生态文明思想,稳步推进生态文明建设的重要体现。良好的生态环境是农村最大优势和最宝贵财富,让良好生态成为乡村振兴的支撑点。乡村振兴要准确把握自身优势,持续扩大优势成为自身发展的重要力量,让生态优势成为乡村发展的宝贵资本。实现生态宜居要把统筹山水林田湖草生命共同体,加强农村突出生态环境问题综合治理。要构建绿色生产方式,牢固树立和践行绿水青山就是金山银山理念,推动乡村自然资本加快增值,努力把优质生态资源转变成优质生态产品,从而增加农业生态产品供给,提高农业生态服务能力,让农民种下的"常青树"真正变成"摇钱树"。要构建绿色生活方式,一方面要为农民营造出天蓝地绿水清的生产生活环境,提供优质生态产品,让更多农民吃上"放心饭""生态饭"。另一方面树立节约环保的生活方式,将绿色饮食、绿色出行、绿色住宿融入日常生活中,塑造良好的生活环境。

乡村文明是乡村振兴的保障,是社会主义核心价值体系建设的重要内容,是满足广大农民群体日益增长的美好生活需要的思想保障。全面实现乡村振兴,必须坚持物质文明和精神文明两手一起抓,既要"口袋富"也要"脑袋富""国无德不兴,人无德不立"。开展乡风文明建设要以社会主义核心价值观为引领,将社会主义核心价值观与农村基本情况相结合,使社会主义核心价值观深入人心。要传承和发展农村优秀传统文化,吸收外来优秀文化成果,不断创新文化内容、文化表达形式、文化传播媒介等,

---

① 2019年7月15日,在内蒙古考察并指导开展"不忘初心、牢记使命"主题教育时的讲话。

丰富农村文化内涵和形式。加强农村公共文化建设，通过制定村规民约，丰富文化内容和形式，逐步建立健全农村文化体系。

治理有效是乡村振兴的基础，是国家治理体系和治理能力现代化建设的重要内容，是实现全面深化改革的内在要求。党中央提出乡村治理"要健全党组织领导的自治、法治、德治相结合的乡村治理体系，构建共建共治共享的社会治理格局，走中国特色社会主义乡村法治之路。"要充分明确和发挥党在乡村治理中的领导地位，坚持党委统一部署领导、党员干部带头参与、党员同志发挥先锋模范作用，建成党委领导的乡村治理模式。要构建自治、法治和德治融合"三治合一"的乡村治理模式，努力调动广大农民群体参与乡村治理的积极性、主动性，发挥广大村民的作用；坚持有法可依、有法必依，使乡村治理有条不紊地开展；开展德治能够提高村民的整体素养和自觉意识，有效提高自治和法治的效能。乡村治理体系不仅需要政府和村民参与，而且要充分发挥企业、高校、科研单位等各界社会力量参与，最大程度形成合力解决乡村治理难题问题，实现共建共治共享的社会治理格局。

生活富裕是乡村振兴的出发点和落脚点，是满足农民群体对美好生活需要的根本体现，是全面小康的内在要求。"亲为政者，贵在养民；善治国者，必先富民。"乡村振兴的最终目的就是为了让广大农民生活得更加富足，让农民群体有幸福感、获得感。要积极探索多种渠道的就业途径，引导村民本地创业、就近务工等融入乡村产业改革发展中，实现产业融合发展与农民收入水平同比增长。要持续改善农村公共基础设施建设，优先发展农村教育、医疗、养老等事业，持续改善住房、公厕、养老院等基础设施提档升级，从而提高农民群体的故乡情怀，为农民群体留下来、返回来提供最大程度的支持。要持续改善农村居住环境，努力修复改善环境，为农民提供清新空气、干净饮水，建成天蓝地绿水清的美丽乡村，还广大农民群众一个优美的家。

（二）乡村振兴战略的任务

实施乡村振兴战略要推动乡村产业振兴、人才振兴、文化振兴、生态振兴、组织振兴。新时代，实施乡村振兴战略要在"五位一体"总体布局下，推进农村经济、政治、文化、社会、生态全面发展，实现乡村全面振兴。

产业振兴是乡村振兴的基础，是解决一切农村问题的前提。产业振兴

乡村振兴背景下的乡村旅游发展研究

一头连着农民的钱袋子，一头连着乡村振兴的发展动力。只有产业振兴，乡村才有活力，农民才有幸福感、获得感。2019年国务院印发《关于促进乡村产业振兴的指导意见》，明确提出了产业振兴的基本原则、目标任务、政策措施等，丰富了产业振兴的内涵。过去，我国农村以小农经济为主，产业链条短、增值空间小、就业岗位少，带动农民增收的能力非常有限。现在，随着农村公路交通、通信网络等基础设施不断完善，再加上土地、人力成本等相对较低的优势，越来越多的社会力量下乡，参与乡村建设。近些年，经过一系列变化，乡村产业发展状况明显改善，第一、第二、第三产业融合发展取得一定成效，到我国脱贫攻坚战全面胜利。今后，要继续大力发展农村产业，努力拓宽农民增收渠道，把产业扶贫作为巩固脱贫成果，防止返贫的根本之举。

人才振兴是乡村振兴的依靠，没有人，乡村振兴就无从谈起。过去农村，农民一直从事传统农业种植，农民的受教育程度低，技术能力往往来源于农业种植经验，缺少现代化的技术能力。同时，改革开放以后，我国数以亿计的农村人口转移进城，截至2020年末，我国常住人口城镇化超过60%，外出农民工人数接近3亿，总体呈现良好上升态势。但从实际情况来看，即使我国城镇化率到达70%，也还有4亿人留在农村。而且大多数离开农村的农民为青壮年或有技术本领的人才，留在农村的多是老弱妇幼，劳动能力明显不足。"谁来种地、谁来兴村"的问题越来越突出。因此，乡村振兴必须要解决人的问题，乡村振兴的人从哪里来，靠谁来发展产业、建设乡村。

文化振兴是乡村振兴的灵魂，缺失文化的乡村振兴难以保持长期稳定发展。实施乡村振兴要物质文明一起抓，将农耕文化与现代文化相结合，塑造更高质量的乡村文明。我国农耕文明源远流长，十分深厚，包含了孝老爱亲、扶危济困、诚实守信、邻里守望等农村优秀传统文化，是提高农村精气神的宝贵财富。但近些年，在物质金钱的冲击下，优秀的传统乡村文化逐渐式微，一些不良的社会风气弥漫在农村，天价彩礼、人情礼金等屡见不鲜。乡村振兴要把文化振兴作为重要内容，积极弘扬社会主义核心价值观，保护优秀传统乡村文化，结合现代优秀文化，丰富乡村文明。

生态振兴是乡村振兴的支撑，要让良好的生态环境成为推进乡村振兴的重要支撑点。过去农村一直把焦点放在吃饱、穿暖，解决基本的物质需要。现在农村经济发展了，农民不愁吃、不愁穿，新房也盖起来了。乡村只有住房现代化是不够的，没有山清水秀、天蓝地绿的优美生态环境，农民也难以获得幸福感。目前，农村如厕难、环境脏、垃圾乱堆、污水乱排、村容村貌差等生态环境问题还较为突出，成为农民生活品质提升和人才下乡返乡的阻碍。实施乡村振兴战略要做好生态资源保护、垃圾污水处理、废弃物资源化利用、村容村貌改善等工作，扎实推进乡村生态振兴。

组织振兴是乡村振兴的保障，是实现乡村繁荣稳定的重要保障力量。乡村一直以来是党的重要执政根基。党领导农村工作一直是我们的传统，不仅不能丢，而且要继续深化。随着党中央高度重视乡村基层党组织建设，党对乡村的领导逐步完善和深入，党在农村发展中的地位和作用越发突出。近些年，农村经济取得了快速发展，但农村人口结构、乡村形态、农民思想、利益诉求等问题越发突出，乡村治理更加复杂。实施乡村振兴战略要抓住农村基层党组织建设这个牛鼻子，可以让农民自己"说事、议事、主事"，努力打造充满活力、和谐有序的乡村社会。

第二节　乡村旅游的认识与解读

一、乡村旅游的内涵

随着国内外乡村旅游研究的不断深入，关于乡村旅游的概念学者们在以下三个方面达成了共识：一是乡村旅游的范围在乡村，乡村是与城市相对的一个地理概念，二是乡村性是乡村旅游的特色属性和卖点，三是乡村旅游性质反映了乡村旅游是多种旅游类型之一，因此，与其他类型的旅游相比，乡村旅游既具有的共同属性，又具有自身的特色——乡村性。

进一步分析，乡村性可以体现在以下两个方面：一是具有乡村民族风俗的特色。以乡村颇有特色的传统民族文化和民间习俗作为吸引游客的资源，并且打造成为乡村旅游的主推产品，不仅增加了乡村旅游的趣味性，而且满足了城镇居民体验自然风光、回归淳朴民俗的愿望。二是将乡村田园生活和旅游活动相联系。一直以来，乡村田园生活意味着在乡村从事着以种植业和养殖业为主的生产活动，旅游活动则是到异地开展休闲观光的精神活动。这两种活动一个作用于物质活动，一个作用于精神世界，在之前，两种活动一直在不同的场合开展，而乡村旅游的出现，使两者相互联系起来，不仅是将两者的活动场所相联系，更重要的是做到了物质活动与精神活动的相互协调。乡村旅游中的可参与性与可观赏性，一方面让农业生产的附加值得到提高，另一方面农村所体现出生产性和文化性可以使得旅游业获得支撑和延伸。

二、乡村旅游的类型

乡村旅游按照不同的分类标准可以分为不同的类型，这里我们按照其形成机理、资源本底、区位条件三个分类标准对其进行分类处理。

（一）按形成机理分

根据各方在乡村旅游系统中所起作用的不同，将乡村旅游分为三种类型，包括需求拉动型、供给推动型及政策扶持型。

1. 需求拉动型

需求拉动型旅游主要受市场需求的影响，一般位于城市及景区等客源地周边，在政府引导下农民或企业灵活发展，这一类型的资源本底也很重要，但不起决定性作用。古北水镇，位于北京市密云区古北口镇司马台村，因位于古北口附近又有江南水乡乌镇风格而得名，古北水镇在2021年被文化和旅游部确定为第一批国家级夜间文化和旅游消费集聚区。古镇特色近些年已经逐渐成为游客选择目的地的重要吸引要素，古北水镇依托京津地区旺盛的古镇旅游需求，以原有古建筑为基础，大力发展了古镇旅游。

2. 供给推动型

供给推动型旅游主要受旅游供给的推动影响，发展成具有吸引力的乡村旅游目的地。这一类型与旅游资源关联度高，具有一定的经济基础投入开发乡村旅游产品，在政府和村集体的领导下，完善旅游基础设施、改善服务，提升旅游地的综合实力与吸引力。陕西的袁家村由当地的村党支部领导，以村集体经营模式，带领村民从规划设计、建设落地、餐饮运营、服务管理等方面实现的整体的打造，成为关中地区典型的民俗体验休闲景点。

3. 政策扶持型

政策扶植型旅游主要受政府政策推动和扶持作用的影响，通过精准定位、政策支持发展乡村旅游。主要分布于西部地区或偏远乡村，远离客源市场，但资源本底较好，发展乡村旅游具有一定的潜力。西藏自治区—林芝市扎西岗村地处原始林区，森林资源极为丰富，过去"靠林吃林，吃完不管"的消极思想，造成了农牧民收入渠道单一。当地政府进行了林业政策调整后，充分发挥资源优势，加快推进以"旅游业为龙头的支柱产业"的建设步伐，实现在21世纪中叶把林芝地区建设成为绿色生态旅游大地区的目标，当地镇政府按照地委、行署提出的，把旅游业作为林芝地区的支柱产业的要求，在深入调研的基础上，紧紧依靠当地旅游资源的优势，积极引导农牧民发展乡村旅游，引导有经济实力、有致富头脑的农户带头发展家庭旅游，为其他农牧民的参与发挥了示范引路作用，是一种典型的政府扶持型乡村旅游发展的类型。

（二）按资源本底分

根据乡村旅游依托资源本底的不同，将乡村旅游划分为历史文化型（包含民族民俗）、自然生态型、农业元素型（产业型）。

1. 历史文化型（包含民族民俗）

依托古民居、古街巷、古民俗等历史文化价值高的乡村文化遗产，以文化的保护与再利用为核心，围绕文化遗存发展旅游，形成文化记忆浓厚、文化体验性强的文化主导型的乡村旅游发展模式。这一类型强调空间的聚拢性，一般位于交通不便、区域环境相对闭塞、自然山水优美、经济相对落后的区域，旅游活动受季节影响较小，淡旺季并不明显，因古村落、古民居、古街巷等遗产生活传承范围内，具有很强的文化传承性和不可再生性。政府主导型较多，便于统一风貌，处理开发与保护之间的关系，近年来社会资本被逐渐引入。

青龙古镇和张壁村是山西省两个比较典型的历史文化型村落，拥有浓郁的山西风格，具有很强的可视性和可游性，虽然两个村落发展的路线不同，但都以其自身特色放大文化型乡村的综合价值，实现多方受益。其他的如大阳镇、灵石县静升镇、阳城县郭峪村、山阴县广武城、天镇县新平堡镇、临县碛口镇等，都拥有深厚的文化基础和底蕴，成为山西最有味道的乡村文化地。

2. 自然生态型

以原汁原味的乡村自然生态为核心吸引，构建欣赏乡村景观、认知自然、培养与体验生态的旅游环境，充分展现乡村生态的景观美学价值、乡村居住的宜人价值、乡村文化的追忆价值与乡村生态的教育价值的乡村旅游发展模式。一般位于城市郊区，离市中心较远，是城市的"郊野公园"，山水生态环境清新一流，地方民俗独特，旅游发展从乡村生产生活区向周边自然山水环境范围进行延伸，旅游活动受季节影响较大，经营主体主要是农家乐农户、个体农庄，自发性较强，后期外来企业介入。典型案例如桂林的龙脊梯田，650年的乡村演化与千万年自然地质变迁形成了壮观的梯田，一些农家乐经营户依托优越的自然山水环境开展经营，呈现社区生活，旅游吸引力很强。

3. 农业元素型（产业型）

以乡镇、村落为单位，依托原有或可引进的农业（农林畜牧）、工业（加工制造业）及文化服务业，围绕产业发展主题旅游，以主题产业的生产、生活旅游体验为特色，并构筑旅游要素发展成为一定规模的主题特色产业，带动乡村产业结构调整优化，形成产业引导型的乡村旅游发展模式。一般依托于城市和大型景区景点，处于环城游憩带，特色产业旅游资源是关键，产业主题性强，因此旅游活动受农业产业时令影响大。

乡村生活区向农业生产范围延伸，空间再塑性强，初期以政府资金为主，后期因产业壮大发展需求，以外来社会资金为主。清徐县中隐山生态旅游景区，位于清徐县城北的大峪村和猫儿梁村，整个区域有100多户，400余人，占地13 000余亩。中隐山西北东南向，山势西北高，东南低。面对清泉湖和汾河，站在山坡之上，清徐新城万千气象尽收眼底。山地纵横，沟川相间；梯田阶步，葡萄满园，田间地头，果树点缀，一派山乡风貌。村内素有种植葡萄传统，百年葡萄架比比皆是，地垄整齐划一。翠绿葡萄架间，累累葡萄欲坠，甚是诱人。谷内泉水淙淙，长流不断。清徐县以农业生态为主题，打造休闲观光农业旅游产业，走出一条"农业+旅游+农业生态"的路子。

（三）按区位条件分

根据乡村旅游的区位条件，将乡村旅游划分为四种类型，包括中心城镇依托型、重点景区依托型、优势资源依托型和交通干线依托型。

1. 中心城镇依托型

分布于城郊或环城带，以中心城镇游客多次出游为主，依托中心城镇的配套服务和空间延伸，提供差异化、特色化的乡村旅游产品和服务。比较容易集聚，形成环城游憩带，与中心城镇形成共生关系，业态上以吃、住、娱为主。蟹岛度假村依托北京的城市公共服务配套，发展农业休闲产业，集农业休闲观光、乡村娱乐、生态种植配送、城市农园等功能于一体，经过多年发展已经成为北京老牌的农业体验地。五朵金花依托成都的城市配套和大量游客群体，开展基于当地花卉产业的旅游体验，形成了产业和旅游双丰收的局面。另外雁栖湖不夜谷、北京宋庄、湖州荻港渔庄和移沿山生态农庄等也都是结合中心城市（城镇）的配套服务和大量客群打造乡村旅游发展竞争力的经典案例。

2. 重点景区依托型

分布于成熟景区周边，或内部，或自成景区，以景区客源一次性游览为主，属于景区部分功能和业态的外溢和延伸，发展食、住、购等业态做为所依托景区的补充，形成寄生关系，并且以景区为中心进行放射状分布，在业态上与依托景区相互补充，主要是餐饮、住宿和购物。典型案例如慕田峪国际文化村承载慕田峪长城景区流量和服务形成艺术家和游客的集聚，西递宏村依托黄山景区形成自主目的地，湖州市长兴县"上海村"，本身就是中国浙江第一个乡域的国家 4A 级旅游景区，还有九寨沟、十渡等景区周边的农家乐都很兴盛。

3. 优势资源依托型

区位相对独立，依托具有竞争力和绝对优势的资源，比如可视性强的景观资源，极具特色的文化遗产或是富有竞争力的产业形态，通过外来的资本注入、客源导入等实现快速发展，以自身为中心向周围辐射进行自我生长，形成集聚区或功能区、目的地，未来可向景区依托型转变。雪乡位于黑龙江省牡丹江市辖下海林市（长汀镇）大海林林业局双峰林场，距长汀镇 105 公里，是一个离市区和景区都有一定距离的旅游地，但是该地充分发挥了当地林场的特色冰雪景观资源优势，放大当地民俗特色，做好对外营销，成为著名的民俗旅游地、影视拍摄地和综艺取景地。

4. 交通干线依托型

依托具有目的地性质的景观道，沿线分布，组团发展，形成具有特色的乡村旅游集聚点，客源来自景观道的自驾或团队群体。318 国道因其横跨中国东中西部，包括了平原、丘陵、盆地、山地、高原景观，包含了江浙水乡文化、天府盆地文化、西藏人文景观，拥有从成都平原到青藏高原的高山峡谷一路的惊、险、绝、美、雄、壮的景观，而被中国国家地理杂志在 2006 年第 10 期评为"中国人的景观大道"和湖州环太湖"百里观光大道"，其沿线具有发展乡村旅游的绝对优势。这种由交通干线或风景道带动的乡村旅游也将成为一种比较有代表性的类型。

三、乡村旅游的功能

（一）解决农民的就业问题

乡村旅游的发展对于发挥农村劳动力潜在价值，促进农业劳动力就业具有重要的意义。目前来看，我国农业人口主要的就业领域是建筑业与城市服务业，由于工作收入较低，不能长期在城市生活，形成了大量的流动人口，对我国社会与经济的稳定发展造成了一定的影响。旅游业作为第三产业，需要大量的劳动力为游客提供服务，因此能够吸收农村大量的劳动力从事旅游服务行业，此外，旅游业的发展还会带动农村地区个体经济的发展，对于促进农业地区人口的就业也有很大的帮助。

在农村旅游发展的过程中，乡村旅游产品的生产加工需要大量的手工劳动者从事工艺品的生产，因此旅游业的发展也能够调动农业手工业的发展，促进就业。

（二）增加农民收益，带动农民致富

乡村旅游的发展会带动农村地区农业资源的利用，使农业经营的附加价值增加。乡村旅游发展对农业资源的利用主要体现在旅游产品的开发上，比如充分利用农业生态环境打造休闲度假的休憩庄园，从而将农业生产与经营的盈利水平提升到新的等级。

在农业生态基地建设的过程中，能够产生双赢的效果，首先农业旅游的发展使得乡村生活与农业生产的经济功能被放大，农村地区的经济得到发展，其次农业生态基地充分利用了农村地区生态环境与慢节奏的生活状态，能够吸引游客进行参观。农家乐是农业地区开展旅游活动的重要经营机构，大多数农家乐都是农民自发开办的，能够为旅游游客提供餐饮、住宿等基本服务。从功能上说，农家乐是对乡村旅游区功能的一种补充，能够完善乡村旅游系统的功能性，促进农村地区旅游经济的发展。农民进行农家乐经营有天然的优势，首先农民有自己的经营场所，不用支付额外的租金，能够降低经营的成本，其次淳朴的农村生活是城市游客旅游的追求之一，对游客具有很强的吸引力。

（三）有利于农村产业结构的调整

在知识与技术的推动下，农业经营正在发生重大的变化，传统的个体

经营与小农耕作正在被集约生产、机械化耕作所取得，农业生产的效益较传统农业经营有了一定的提高。虽然我国农业在积极转变当中，但从当前农业的经营状况来看，单一的经营模式很难满足当前农村经济发展的需求，因此拓展农业经济发展渠道，开展农业多种经营成为摆在我国农业经济发展面前的一个亟待解决的问题。随着旅游经济的发展，农村地区可以充分利用自己的资源与特色开展农业旅游，积极发展农村第三产业，改善我国农业经济的发展结构，从根本上提升我国农业经济的发展质量。

（四）进一步改善村容村貌，促进乡村整体文明的提高

干净整洁的环境和健康文明的生活是农村地区旅游吸引力的重要来源，因此在发展农村旅游的过程中一定要注重对农村环境和精神面貌的改善。随着乡村旅游活动的逐渐发展，相关部门应该积极开展农村村容村貌改善工程，积极宣传科学的价值观，帮助农民摆脱一些不良的生活习惯。在改善村容村貌的过程当中，可以通过农村厕所改革、垃圾处理规范化、街道硬化以及绿化等方式进行；在提升农村地区居民精神面貌的过程中，要积极开展科学、卫生、法律等知识的普及。我们知道农村地区长期受传统思想的影响，生活方式的改变不是一朝一夕能够完成，需要长期的宣传教育，在整个过程当中要本着去粗取精的原则，保留传统文化精神中的有益元素，让中华民族的传统美德继续传承与发扬。

（五）符合社会主义新农村建设要求

改善乡村环境，发展乡村旅游，建设美丽中国，开展乡村旅游，改善农村基础设施建设，让更多的农民富起来，让农村美起来，让城市与乡村互动起来，实现城乡融合发展是实现中国梦的必然要求。开展乡村旅游是文化和旅游部和整个旅游行业贯彻落实党中央、国务院关于推进社会主义新农村建设要求的重要举措，既是发挥以旅游促"三农"，为建设社会主义新农村作贡献的切实体现，也为全国发展乡村旅游带来了前所未有的契机。正确理解乡村旅游和新农村建设的关系，发挥政府职能，加强社区参与，保护农民利益等措施是发挥乡村旅游的积极作用的必然要求。

四、乡村旅游发展动力分析

（一）乡村旅游发展动力认识

乡村旅游发展动力就是指一种互动型和开放型的发展动力。它是由城

镇居民对于乡村旅游的好奇心驱动，并由各种乡村旅游资源共同构建而成的一个系统。一般来说，乡村旅游发展动力包含了需求系统、引力系统、中介系统、支持系统四个部分，而城镇居民、农民、旅游企业（旅行社）、政府则是其各个子系统的构成主体。它们对于乡村旅游的发展具有一定的能动性。

乡村旅游发展综合运用了资金和技术，对乡村的自然旅游资源、社会文化旅游资源、公共投资、技术与人力资源、服务设施、基础设施等旅游产业要素及相关社会经济资源进行优化配置，使潜在的旅游资源转化为旅游者可以利用的旅游吸引物，并因此产生经济价值及其他多种价值，或对已被部分利用资源的广度和深度进行加强，从而提高旅游资源综合价值。

乡村旅游是在特定的农村环境中进行的，开发过程及开发后的经营都将对农村社会、经济和环境都将产生一系列的影响，因而乡村旅游的发展始终要与农村居民最直接的利益联系在一起，要使当地农民在旅游开发中受益。

第一，乡村旅游发展要充分考虑社区利益，并在"资源+市场"开发导向下拟议旅游项目，既立足于资源优势，同时又考虑到旅游市场的需求。对现有的乡村旅游资源的赋存情况、文化内涵以及开发条件进行分析论证，在资源优化配置基础上，拟定具有地方特色的乡村旅游项目。乡村旅游项目通常能促进当地社会经济发展，并使当地居民受益，但同时也可能带来负面影响，乡村旅游开发会直接和间接引起当地社会经济环境的变化。对开发项目的影响因子进行识别，为定性定量地预测和解释影响的程度提供基础数据，目的是提出增进有益影响的建议，制定消除与缓解有害或负面影响的对策。这些影响因子包括人口影响因子、社区内和机构内的各种关系因子、个人和家庭层次上的影响因子、社区基础设施需求因子、经济条件变化因子等。各种因子又可细分为不同的内容，要根据乡村旅游资源状况、乡村旅游项目和乡村所处的区位条件等内容进行调整。

第二，乡村旅游发展是一个双向信息反馈的过程，主要通过乡村旅游开发指导委员会将旅游的影响告知社区居民，并做出解释，将其意见和建议综合考虑，尽量扩大有益的影响，消除或减少负面影响。人口影响因子、社区内和机构内的各种关系因子、社区基础设施需求因子的变化影响地方农村财政收支和经济发展，最终结果是导致当地的居民的生活质量发生变化。因此应把各因子变化对社区居民的综合影响信息传递给社区居民，以获得公众对项目开发的理解和支持。

第三，基本保证乡村旅游开发项目满足社区公众的需求和符合社区居民的利益，但能否达到预期的效果，还需聘请有关专家对项目进行可行性研究。专家运用科学的方法对拟议旅游项目进行深入细致的调查研究，对建设方案预期的经济效益进行分析、比较论证，从而评价方案的可行性，为投资决策提供科学依据。在这一步中对旅游市场和对经济的分析非常重要，以保证待开发的旅游项目在经济上可行，在市场上有需求，并具有良好的可操作性。

第四，结合专家提供的可行性研究报告，对项目进行修订。通过聘请有关专家组成专家评审团对项目可行性研究进行评审，参加评审对象扩大到旅游开发指导委员会成员，以及与旅游项目实施相关的社区代表。这样既能保证项目的科学性，又能得到社区居民的支持，以减少实施过程中的阻力。

第五，多渠道筹集开发资金，坚持"国家、集体、个人"一起上，"谁投资、谁受益"的方针，鼓励多种形式的资金投入。村民可采用资源入股、资金入股等形式，也可以工代资，以劳动力转化为股份。对于所在村的上级行政部门，则可采用旅游扶贫，投资基础设施建设的方式为旅游业初期发展注入资金，以奠定乡村旅游开发的基础。以项目换土地、土地作价或土地使用权都可以作为筹资方式。在现行政策允许的条件下，优化投资环境，给予投资者一定优惠政策以调动外来投资者的积极性。顺利筹集到资金后，即可以实施旅游项目开发。

（二）乡村旅游发展动力构成

乡村旅游发展的动力主要包含了内生和外生两个方面的系统。当然，内生与外生是一个相对的概念，主要是针对乡村旅游的乡村区域而言。就内生动力来说，它主要是指促进乡村旅游发展的内在因素。外生动力则是指外界给予乡村旅游发展的动力所在。

1. 内生发展动力

乡村旅游内生发展动力主要包含了以下几个方面：

第一是乡村谋求发展的驱动力。由于乡村地区的经济发展相对较为滞后，因此，各级地方政府与乡村居民都希望推动乡村经济社会的发展。而乡村旅游在一定程度上可以推动乡村经济社会的发展。当然，乡村旅游对于乡村发展的推动并非一蹴而就的，而是呈现出一种螺旋上升的发展态势。

第二是乡村资源和条件的策动力。乡村有着独特的风土人情和丰富的地方旅游产品，城镇居民对此十分感兴趣。这就促使了利益相关者的乡村旅游开发欲望。

第三是乡村的学习动力。乡村地区受教育程度相对较低，但是在当前构建学习型新农村的大背景下，很多乡村居民努力提升自己的整体素质与创新能力，这些为乡村旅游的发展提供了某种智力支撑。

第四是乡村的创造力。乡村具有原生性和真实性的优势，这些都为乡村旅游的发展奠定了坚实的基础。因此，中国乡村居民是一个极富创造力的群体，他们能够建设一个具有生机和活力的乡村。

第五是乡村对外生动力的呼应。我国乡村旅游规模在不断扩大，外生的发展动力也在促进乡村旅游的同时，刺激了乡村旅游的进一步发展。

2. 外生发展动力

乡村旅游外生发展动力主要包含了这么几个方面：

一是市场拉动力。我国旅游市场在社会经济发展的推动下不断壮大。城镇居民在繁忙的工作之余开始青睐于乡村旅游，这些都催生了乡村旅游的旺盛需求。

二是政府引导力。一直是一大难题各级政府都在政策与资金等各方面扶持乡村旅游的发展，政府引导为乡村旅游的发展指明了方向，并提供了切实的保障。

三是企业推动力。乡村旅游拥有广阔的市场前景，加之它的投资小且见效快，因此，很多企业都愿意投身到乡村旅游开发当中去。这就为乡村旅游发展提供了良好的市场条件。

四是专家或学者创新力。我国乡村旅游的发展还需要专家学者的参与，因为乡村旅游的定位与模式都是需要分析与研究的。专家学者可以通过自己的专业优势与创新能力来为乡村旅游提供这方面的指导与建议。

五是城市辐射力。它就是指城市对周边地区的经济辐射影响力。城市可以为乡村旅游提供广大的游客市场，还可以为乡村旅游发展提供有效借鉴，缩小城乡之间的差距。

3. 乡村旅游发展动力的优化措施

我们可以从三个方面来采取相应的措施进一步完善与优化乡村旅游的发展动力，即企业、政府以及乡村。

（1）企业方面的优化措施。在当前社会主义市场经济体制下，企业是主要的参与者，它们承担着社会生产和流通的重任，是我国社会经济技术获得进步的重要推动力。因此，乡村旅游市场的发展同样也离不开企业方面的参与和支持。应该来说，企业在我国乡村旅游中的作用是巨大的，因为它是市场发展的主体所在。这就需要企业做好相关的旅游投资与决策工作，不断拓展自己的投融资渠道，保障自己资金链的畅通。

此外，企业还需要强化旅游目的地建设工作，不断满足游客多元化的旅游需求。企业还需要强化对人员的培训工作，提高他们的服务意识和服务技能。当然，企业还需要在社会上树立一个良好的企业形象，正确处理经济效益、环境效益以及社会效益三者之间的关系。企业要通过自身的科学化管理来充分调动起乡村的积极性与参与性，最大限度地挖掘出乡村旅游的创造力。

因此，这就是说，乡村旅游发展动力的优化，需要实行以产品创新为核心的市场化经营和管理思路。企业需要确保乡村旅游的乡村性，同时又需要遵循现代企业制度的要求，引入一些现代化的商业化经营与管理模式，合理处理好对外经营和对内管理之间的关系。从本质上来说，企业要对乡村的各种景观资源进行优化配置，让游客可以最大限度地接触到乡村旅游中的各种特色要素，并在商业化运作模式下得到有效管理。具体来说，企业需要对乡村旅游的吸引要素进行有效建立与合理维护，让其成为乡村旅游的独特卖点。企业还需要引入并确立针对乡村旅游的管理要素，并反过来促进旅游产品质量的提升。

（2）乡村方面的优化措施。乡村旅游中的重要载体就是乡村。因此，乡村旅游发展动力的完善与优化，显然离不开乡村这个重要的因素。我们应该充分发挥出乡村的自身优势与独特魅力，引导乡村居民积极主动地投入到乡村旅游开展与建设过程中去，并认真听取相关专家学者的建议，提高自己的科学文化水平，从而在不断的自我学习与进步中提升自己的旅游服务意识和服务技能。乡村也应该在开发自身旅游资源的同时，尽可能地保护好自身的生态环境和人文环境，一定要把预防工作做在前面，避免出现那种环境破坏之后的修补现象。

实际上，这就是说，乡村旅游开发过程中，各个利益主体要采取以利益为核心的共生化策略，否则，将导致乡村旅游发展的不协调，进而影响到利益主体的收益情况。那么，我们就需要充分激发出乡村居民的本土意识，确保产业链本地化，让经营者共生化，最终实现乡村旅游产业的共生化。这样，乡村居民才能够真正增加自己的旅游收益，也可以确保乡村旅游的健康发展。

（3）政府方面的优化措施。政府是乡村旅游的主导力量。它应该根据市场规律来完善乡村旅游市场，强化法治建设工作，为乡村旅游提供一个切实可靠的制度保障。同时，政府还应该对乡村旅游加强专家队伍建设工作，让乡村旅游有一个科学规划作为指导，有利于大大提高乡村旅游的实际效率。

此外，政府还应该搭建一个乡村旅游目的地营销平台，强化市场监管和宏观调控工作，并投入更多的资金来改善乡村旅游设施状况，加强人才培训工作，真正为乡村旅游的发展提供政策、资金、人才以及技术等多方面的支持。政府部门应该充分意识到乡村旅游的市场性特点，并基于此建立一个高效的组织机构来削弱市场规律的负面影响。比如说，政府可以组建乡村旅游协会、农村旅游合作社等组织，对乡村旅游进行科学规划与合理的制度安排，让乡村旅游在公平的利益分配机制下带动整个乡村地区的协调化和组织化发展。

第三节　乡村振兴与乡村旅游的关系

随着消费升级及个性化需求的增加，我国乡村旅游与休闲农业已向观光、休闲、度假复合型转变，从观光式旅游过渡为度假式深度体验游，其产品逐渐向多样化、融合化和个性化方向发展。2021年，乡村振兴成为开年焦点。继脱贫攻坚取得胜利后，全面推进乡村振兴成为"三农"工作重心的历史性转移，脱贫攻坚与乡村振兴完美衔接。

一、乡村振兴为乡村旅游发展提供战略机遇

（一）乡村振兴战略为乡村旅游发展提供政策保障

乡村振兴战略背景下，乡村旅游再次成为热点和焦点。乡村旅游是旅游业的重要组成部分，是实施乡村振兴战略的重要力量，在加快推进农业农村现代化、城乡融合发展、预防脱贫地区返贫等方面发挥着重要作用。为深入贯彻落实《中共中央　国务院关于实施乡村振兴战略的意见》和《乡村振兴战略规划（2018—2022年）》，推动乡村旅游提质增效，促进乡村旅游可持续发展，加快形成农业农村发展新动能。

2019年7月28日，由文化和旅游部、国家发改委确定的第一批全国乡村旅游重点村名单公布。包括北京古北口村、浙江余村村、贵州云舍村、四川战旗村在内的320个乡村入选。

2021年"中央一号文件"重点提到了"休闲农业""乡村旅游精品线路"和"实施数字乡村建设发展工程"三项内容。

2022年中央一号文件——《中共中央 国务院关于做好2022年为全面推进乡村振兴重点工作的意见》发布。文件提出，聚焦产业促进乡村发展，持续推进农村第一、第二、第三产业融合发展，实施乡村休闲旅游提升计划；突出实效改进乡村治理，创新农村精神文明建设有效平台载体，启动实施文化产业赋能乡村振兴计划。文件提出，鼓励各地拓展农业多种功能、挖掘乡村多元价值，重点发展农产品加工、乡村休闲旅游、农村电商等产业。实施乡村休闲旅游提升计划。支持农民直接经营或参与经营的乡村民宿、农家乐特色村（点）发展。将符合要求的乡村休闲旅游项目纳入科普基地和中小学学农劳动实践基地范围。

（二）乡村振兴战略为乡村旅游发展提供金融支持

《关于促进乡村旅游可持续发展的指导意见》指出，金融机构要积极为乡村旅游发展提供信贷支持，创新金融产品，降低贷款门槛，简化贷款手续，加大信贷投放力度，扶持乡村旅游龙头企业发展。依法合规推进农村承包土地的经营权、农民住房财产权抵押贷款业务，积极推进集体林权抵押贷款、旅游门票收益权质押贷款业务，扩大乡村旅游融资规模，鼓励乡村旅游经营户通过小额贷款、保证保险实现融资。鼓励保险业向乡村旅游延伸，探索支持乡村旅游的保险产品。

在乡村振兴战略的引导下，乡村旅游成为我国旅游投资的热点领域之一，近年来，民宿、特色小镇、乡村休闲地产投资增长迅速。《全国乡村旅游发展监测报告（2019年上半年）》发布数据显示，2019年上半年我国乡村旅游人数15.1亿人，同比增加10.2%；总收入0.86万亿元，同比增加11.7%。截至2019年6月底，全国乡村旅游就业总人数886万人，同比增加7.6%。2019年，全国乡村旅游总人次为30.9亿次，乡村旅游总收入1.81万亿元。疫情之后，乡村旅游也是逆势成为率先复苏的旅游市场，2020年第二季度数据，乡村旅游环比增长达148.8%。在我国积极推动休闲农业和乡村游的发展过程中，《关于进一步促进旅游投资和消费》政策指出，至2020年我国乡村旅游模范村达到6 000个，休闲农业和农村旅游特色村10万个以上，农家乐300万家，带动5 000万个农民参与乡村旅游发展。

（三）乡村振兴战略为乡村旅游提供基础设施支持

乡村振兴的主要目的是实现全域发展。按照"全域景区化""村庄景观化"的原则，补齐农村基础设施建设的短板，加强景区内外的整体协调发展，全面改善乡村落后面貌，着力打造宜居乡村、宜游乡村、宜业乡村；加强高速公路沿线景观大道建设，加快完成国道、省道、县道、乡道、村道五级公路网络的景观廊道建设和绿化提升工程，并与郊野绿道、遗产古道、滨河廊道相衔接；根据乡村街道宽度、周边环境，合理选择乔木+绿篱型、花灌木+攀援植物型等不同模式，提高乡村街道绿化和美化水平；加快高速公路服务站改建游客服务中心和游客集散中心工作；加强乡村旅游景区交通标识牌和旅游指示牌建设；全方位建设金融、通信、电视、环保、餐饮、卫生、商业等旅游配套设施；开展村内户外道路硬化，因地制宜铺装水泥、石板、沥青、弹石等路面；通过城乡污水管网统一处理和集中处理，有效治理农村生活污水；本着有效、便捷、经济的原则，因地制宜创新农村生活垃圾处理模式，加强垃圾收运设施建设，尽快实现乡村无害化厕所全覆盖；根据乡村实际实施改厨、改气、改水、改网、改圈、改灶等工程，加快城乡基础设施建设一体化；加强乡村篮球场、活动中心、农家书屋、卫生所、文化广场等公共服务设施的建设与完善；以旅游小镇为带动，进一步完善乡村基础配套设施和乡村夜间消费文化建设。

（四）乡村振兴战略能够引导乡村旅游科学发展

《关于促进乡村旅游可持续发展的指导意见》指出，要积极推动旅游产品和市场相对成熟的区域、交通干线和A级景区周边的地区深入开展乡村旅游，支持具备条件的地区打造乡村旅游目的地，促进乡村旅游规模化、集群化发展。

鼓励东部地区围绕服务中心城市，重点推进环城市乡村旅游度假带建设，提升乡村旅游产品品质，推动乡村旅游目的地建设；鼓励中西部地区围绕脱贫攻坚，重点推动乡村旅游与新型城镇化有机结合，合理利用古村古镇、民族村寨、文化村镇，打造"三区三州旅游大环线，培育一批乡村旅游精品线路"；鼓励东北地区依托农业、林业、避暑、冰雪等优势，重点推进避暑旅游、冰雪旅游、森林旅游、康养旅游、民俗旅游等，探索开展乡村旅游边境跨境交流,打造乡村旅游新高地。加强东、中西部旅游协作,促进旅游者和市场要素流动,形成互为客源、互为市场、互动发展的良好局面。加强乡村旅游产品与城市居民休闲需求的对接,统筹城乡基础设施和公共服务,加大城市人才、智力资源对乡村旅游的支持,促进城乡间人员往来、信息沟通、资本流动,加快城乡一体化发展进程。注重旅游资源开发的整体性,鼓励相邻地区打破行政壁垒,统筹规划,协同发展。依托风景名胜区、历史文化名城名镇名村、特色景观旅游名镇、传统村落,探索名胜名城名镇名村"四名一体"全域旅游发展模式。

二、乡村旅游是实现乡村振兴的重要途径

乡村振兴是我国"三农"工作的总抓手,其最终目标在于实现我国农村社会经济的全面现代化。"产业兴旺、生态宜居、乡风文明、治理有效、生活富裕"是乡村振兴的总体要求,而这五点要求分别对应了乡村经济振兴、乡村生态振兴、乡村文化振兴、乡村治理转型和乡村社会振兴的发展内涵。由此可见,乡村振兴是一项内容多元的系统性工程。它不单纯是某一领域、某一方面的振兴,而是既包括经济、社会和文化振兴,也包括治理体系创新和生态文明进步在内的全面振兴。

乡村振兴的最终目标在于追求乡村的全面协调可持续发展和乡村的现代化,进而破解我国当前城乡发展不平衡不充分的矛盾。乡村振兴的基本内涵决定了乡村振兴内容的丰富性和多样性。而乡村旅游作为社会经济发展的产物,有助于实现农业的多功能性价值,并对乡村社会、经济、文化等各方面均具有显著的积极影响,是实现乡村振兴战略的重要路径和有力抓手。

(一)乡村旅游有利于促进社会结构变迁和经济的发展

乡村旅游有利于促进社会结构变迁和经济的发展,为农业资源开发创造了新的条件和新的契机。农村是以农业为基础存在的,农村发展范式的转变促进了农业发展思想的相应转变。改革开放以来,我国已进入后现代消费主义时代,城镇化水平不断提高,城市中产阶层规模持续扩大,这不仅为农业资源开发提供了新的基础,而且对农业经济的发展提出了新的要求。乡村旅游作为一定阶段社会经济发展的产物,是实现农业多功能价值和满足中产阶层精神文化消费"双需求"的重要媒介。而且,乡村旅游可以提升农业产业附加值,为农民收入提高创造新的增长点。

1. 乡村旅游有利于巩固农业基础性地位

农业是国民经济发展的基础性产业，任何时候都不得动摇或削弱农业的发展。国家明确提出"必须坚持农业农村优先发展""确保国家粮食安全"。而乡村旅游是在农业生产种植基础上发展起来的现代服务业，农业生产景观、农业生产活动的参与性体验、农耕文化的科普教育等均是乡村旅游发展的重要内容，乡村旅游业的成功发展离不开农业的健康发展。

因此，乡村旅游不仅不会削弱农业的生产发展，还会进一步巩固农业的基础性地位。换句话说，乡村旅游发展是农业多功能价值属性的开发。在当下，农业供给不仅仅局限于为城市生活和工业生产提供原材料和初级农产品，还包括为社会提供农耕文化、环境教育、科普认知等精神产品。

2. 乡村旅游有利于优化农村产业结构，增加农民收入

近年来，农业生产的"增产不增收"已成为影响农民种粮积极性的重要"瓶颈"，我国农业发展实践也已充分表明，仅仅依靠农业产业增加农民收入的空间非常有限。农民增收不仅影响农民生活水平的提高，而且关系到农业的基本地位。要增加农民收入，不仅要立足农村自身资源，而且要突破农业收入增长的天花板。而乡村旅游正是"农村之内、农业之外"实现农民增收的有效途径。

一方面，体验经济和服务劳动的附加显著提高了农产品的劳动价值，实现农产品附加值的提高；另一方面，乡村旅游的本地消费，进一步降低了农产品交易中的交易储运成本和交易风险，使农产品的收益直接转化为农民的收入。

此外，乡村旅游与家庭联产承包责任制基础上的小农经济也具有更高的契合性。在小农经济基础上发展的乡村旅游，可以丰富乡村旅游产品体系，增加乡村旅游产品供给，同时也更易实现主客之间的交往与对话，提升游客的乡村旅游体验价值，进而实现"小农户"与"大市场"的有效对接。因此，乡村旅游更好地保障了小农的经济利益，在不流转土地的情形下，实现农民的增收。

综上所述，乡村旅游对于优化农村产业结构，深化农业供给侧结构性改革，助推乡村经济振兴均有较好的促进作用。以湖南省花垣县十八洞村为例，该村地处武陵山连片特困地区，人多地少为典型的经济发展滞后村

落。地方政府确定发展乡村旅游的基本思路,在推进农业产业结构调整的同时,促进乡村旅游资源开发,以良好的自然生态环境和淳朴的民族风情推动乡村旅游的发展。

(二)乡村旅游有利于打造生态宜居环境,实现乡村生态振兴

1. 乡村旅游有利于改变乡村面貌

一方面,为了满足游客需求,乡村会大力推进水、电、路、气、住房、通信、医疗等基础设施建设,改变农村原有的乡村面貌;另一方面,乡村旅游使得大量游客去到当地旅游参观,农村原有的垃圾处理以及污水排放方式已经难以有效地处理游客增多产生的垃圾和污水,为了保护当地的乡村环境,就需要完善农村污水处理设施以及生活垃圾处理系统,进而会推动农村户用卫生厕所建设和改造,提升农村饮水安全等措施,打造一个生态宜居的生活环境,促进物质文明和精神文明建设和发展。

2. 乡村旅游有利于改善生态环境

生态文明建设是乡村振兴的重要内容,也是乡村社会经济可持续发展的关键。乡村旅游作为一种重要的生态友好型产业,与生态文明建设有着共同目标,二者在本质上是共生共荣、双向互动的和谐统一关系。生态环境既是乡村旅游发展的背景,也是乡村旅游产品的重要构成。因此,发展乡村旅游一方面会促进农村大力开展森林、草场、湿地等生态修复活动;另一方面,乡村旅游开发能为当地资源和环境保护提供资金支持,有效地促进生态文明的建设和发展。

(三)乡村旅游有利于乡土文化的传承与发展,实现乡村文化振兴

1. 乡村旅游重拾乡土文化价值

与工业经济驱动的乡村发展显著不同的是,乡村旅游的发展有助于乡土文化的传承,实现经济振兴与文化振兴的统一。乡土文化是中华传统文化的重要构成,但在现代化与城镇化的影响下,伴随乡村的空心化,乡土文化日益萎缩甚至走向消亡。旅游作为一种典型的体验经济,游客具有娱乐、教育、逃避、审美等多重体验需求,而乡村传统的居住方式、饮食方式、特色服饰、民风民俗等均成了乡村旅游体验的重要内容。在乡村旅游发展中,乡村传统文化价值不仅得到重新认识,且通过旅游手段实现了活化及再利用。

2. 乡村旅游能够反哺乡土文化保护

以旅游为导向的乡村地区发展不仅实现了文化的保护与发展，更有部分乡村以乡土文化为卖点，形成了乡土文化驱动乡村旅游、乡村旅游反哺乡土文化保护的良性互动。如四川绵竹村的年画虽为我国四大年画之一，但在 2007 年乡村旅游发展前，全村近 2 500 人的农业人口中，仅 16 人从事专业年画绘制工作，文化技艺濒临失传。在乡村旅游开发中，年画村确立了以年画非遗艺术为主题的发展思路，既转变了当地农民的生产经营方式，实现产业结构的调整和农民的持续增收，又建立了乡村民俗文化遗产保护传承的产业链条。

如今年画村从事年画产业的人员已有上千人，固定从事年画制作的有百余人，年画年销售收入不断提高。乡村旅游不仅促进绵竹年画国家非物质文化遗产的传承，更有效地保护了年画生产制作的文化空间，并对年画的制作工艺实现创新和发展，走出了一条文化保护与乡村旅游互动发展之路。

3. 乡村旅游为乡土文化的发展注入新的活力

乡土文化的价值重塑促进了乡村居民的文化自觉，乡村居民对于文化的传承与保护成为一种自下而上的积极行动。通过旅游开发实现了乡土文化资本向经济资本的转化。同时，为适应旅游经济发展需求，乡土文化也不断进行变革和发展，丰富了传统的文化形态，并展现出更为强大的生命力。

（四）乡村旅游有利于优化乡村治理体系，推进乡村治理转型

1. 乡村旅游能够优化乡村治理体系

良好的乡村治理是实现乡村全面振兴与发展的重要保障。乡村治理的关键在于加强地方政府对于乡村社会经济发展的引导，并创造和谐稳定的社会环境与社会秩序。国家指出在乡村振兴过程中，要加强农村基层基础工作，健全自治、法治、德治相结合的乡村治理体系。事实证明，乡村旅游的发展不仅对于目的地的经济和社会文化具有重要影响，且对于增强地方治理、维持乡村社会秩序同样具有促进作用。

2. 乡村旅游有助于提升村民自治管理水平和基层法治化水平

在乡村旅游发展的初级阶段，为了实现经济效益的共享，乡村社区居民的旅游参与往往具有一定的自发性，容易发生无序竞争。为了规范旅游

经营秩序，促进旅游经济的健康发展，乡村社区在能人的带动下，往往自发成立管理小组，实现旅游社区的自治管理。在这一自治管理的过程中，管理的领域与对象也逐渐由旅游接待向乡村的公共环境卫生、历史文物的保护、利益矛盾的协调等方面延伸。

如贵州省朗德苗寨、山东省淄博市中郝峪村等在乡村旅游发展中，均以基层自治管理组织实现了良好的公共管理。同时，乡村旅游有助于提高基层社区法治化水平。乡村旅游打破了乡村地域的封闭性，游客的到访与主客交流，为乡村居民带来了市场化、法治化的价值理念和思维模式。此外，乡村旅游发展实践中面临的复杂问题，也为基层社区治理的创新提供了更多的机会。如厦门鼓浪屿旅游社区在基层治理过程中，创新性地建立了法治与自治相结合的鼓浪屿公共议事会的协商治理机制，不仅有效缓解了旅游发展中的多元利益主体之间的矛盾，还为其他社区的基层治理提供重要借鉴。总体而言，发展乡村旅游区域不仅比其他地区拥有更高的经济发展绩效，也具有更为稳定的乡村社会秩序和更好的乡村治理。

（五）乡村旅游有利于推动美丽乡村建设，实现乡村社会振兴

1. 乡村旅游有利于改善乡村的生活水平和生活环境

乡村振兴的最终落脚点在于增进乡村居民的社会福利，即不断改善乡村的生活水平与生活环境，其重要内容在于建设村容整洁、宜居和谐的美丽乡村。乡村旅游能够促进当地产业优化升级，增加农民收入，促进农村地区环境的改善，进一步提升农村村民的生活水平和生活环境，推动美丽乡村建设。乡村地区以其区别于城市的田园风光和乡土气息为游客带来了不同的精神享受，持续吸引着游客参与乡村旅游活动。乡村旅游产业的蓬勃发展使参与其中的农民共享到了发展成果，乡村旅游对农村地区基础设施建设的持续完善更加调动了农民参与和保护乡村自然生态的主动性和积极性，也为美丽乡村的建设奠定了稳固的根基，增进了民生福祉。

2. 乡村旅游有利于改善乡村的基础设施建设

建设美丽乡村是乡村旅游发展的应有之义。旅游的本质是"诗意地栖居"，而游客旅游体验空间与乡村居民生产生活空间的统一性，决定了这些基础设施和旅游服务设施的完善，本质上是旅居环境一体化建设。为了提升游客的体验度以及增加乡村旅游的吸引力，当地会加快路网改造升级，推进"四好农村路"建设,实现互联网在农村全覆盖等基础设施的建设,提升乡村旅游景观、完善乡村公共服务设施,营造"诗意栖居"的旅游空间,同时,乡村居民的日常生活同样从中得到显著改善。推动美丽乡村的发展,有利于乡村振兴的实现。

第二章　乡村振兴背景下乡村旅游资源的开发与保护

第一节　乡村旅游资源及其特征

一、乡村旅游资源的概念

乡村旅游资源是指存在于乡村地区的旅游资源，是一系列因其所具有的审美和愉悦价值而使旅游者为之向往的自然存在、历史文化和社会现象。乡村旅游资源不仅仅指农业旅游资源，也不只包括乡野风光等自然旅游资源，还包括乡村建筑、乡村聚落、乡村民俗、乡村文化、乡村饮食、乡村服饰、农业景观和农事活动等人文旅游资源；不但包括乡村景观等有形的旅游资源，也包括乡村经济社会等无形的旅游资源。

伴随着乡村旅游在我国的快速发展，关于乡村旅游资源范畴的研究不断深入。大部分学者从内容上对乡村旅游资源进行界定：郑凤娇认为"乡村旅游资源包括乡村农事生产、农村民俗文化和田园风光"，杜江认为"乡村旅游资源主要包括农业生态环境、农业文化景观、农事生产活动"，王兵认为"乡村旅游资源是以乡野农村的风光和活动为吸引物"。

综上所述，我们可以看出，乡村旅游资源并不局限于农业旅游资源的范畴，但也不能扩大至除城镇外的所有旅游资源的集合，而是大致由乡村地区的自然旅游资源、文化旅游资源和社会旅游资源三部分构成的有机整体。

一是乡村自然旅游资源，包括气候条件、风光地貌、水文条件、动植物资源等，这些天然环境构成乡村旅游的生态本底，如一些紧邻山河湖海的乡村、具有更加旖旎的风光和更加优越的环境，自然而然地形成旅游吸引力。但长久以来，很多乡村地区的环境和气候资源并不被认为是旅游资源，东北的冰雪就是一个很好的例子——我国东北地区冬季漫长寒冷，降雪较多且积雪时间较长，从传统视角来看并不是开展乡村旅游的好时节，但在市场的视角下，这种丰富的雪资源对来自其他地区的游客构成极强的吸引力，以雪乡为代表的一批冬季乡村旅游精品应运而生，使特有的冰雪资源得到了充分利用。类似地，我国山地乡村的避暑气候、南方乡村的避寒气候等，也都属于自然性乡村旅游资源的范畴。

二是乡村文化旅游资源，包括民居建筑文化、农事农耕文化、民俗节庆文化、乡村艺术文化四类，形成乡村旅游的独特灵魂。乡村旅游文化资源不仅包括具有观光、访古、探奇价值的古镇古村、名人故居、民族建筑等物质文化元素，非物质的文化元素如地方节庆活动、乡村文化习俗等，也能够成为极具在地性的旅游吸引物，甚至本地人习以为常的事物——如农舍、商铺、物产乃至猪圈等乡村文化元素，经过创意的包装却成为提供独特体验的载体。因此，在市场的视角下，乡村文化的方方面面都有可能成为引起旅游者共鸣的重要资源。

三是乡村社会资源，是由乡村特有的经济活动、社会结构、科教成就等所形成的吸引物，兼具一定的生态性和文化性，包括乡村景观风貌、乡村经济成就、农业旅游资源、社会好客精神等。如江苏省华西村的经济水平、云南省摩梭寨的母系氏族社会、浙江省余村的"两山理论"起源，都成为全国知名的旅游吸引物。值得一提的是，农业旅游资源因农业这种经济活动而产生，也是一种社会性资源。丰富的农业景观、农事活动和农业物产等，可供游人观光、体验和购买，是自然生态基底和人类主动创造的深度结合，也是乡村旅游资源重要的组成部分之一。

需要注意的是，构成乡村旅游资源的三个部分并非截然分开、彼此对立，而是相互融合，横跨自然和人文旅游资源大类，从而构成了旅游资源大族群中的一个重要分支。

二、乡村旅游资源的特性

一般而言，旅游资源所具备的多样性、吸引性、不可移动性、非消耗性、可创新性等特点，对于乡村旅游资源也都适用。但由于乡村旅游资源与乡村地区的自然环境、经济水平、社会结构、乡村产业和乡土文化密不可分，又会体现出更加独有的资源特性，对于这些特性的了解，有助于我们更好地发掘和评价乡村旅游资源，并以此为依据进行乡村旅游资源的利用和保护。

（一）乡土性

20世纪以来，乡村和城市的并存构成了人类社会发展的重要图景，在中国更是如此。中国社会具有浓厚的乡土性。费孝通先生在他的《乡土中国》中,开门见山地给我们打开了认识乡土性的一扇大门。"乡村旅游",是旅游必须紧密地与乡村资源环境、乡村社区环境和生产生活环境相融合,这种有别于城市、专属于乡村的本质属性,也就构成了乡村旅游资源的乡土性。

虽然在制度改革与市场经济的叠加作用下,费孝通教授笔下当年的"乡"与"土"都在发生着深刻变化,乡村地区正在经历深刻转型。但是,长久以来,许多乡村仍然延续了自给自足的生活,秉承日出而作、日落而息的作息,形成了与城市人快节奏、忙碌生活相对应的闲散自由的生活方式。此外,乡土气息浓厚的民间艺术、绿水青山的乡村环境,为乡村旅游打上了更为鲜明的乡土烙印。可以说,乡土性越强,与城市形成的反差也就越强,这样的乡村旅游资源才更加具备吸引力和竞争力。遥远的乡愁、土生土长的乡趣,以及浓稠得化不开的乡情,已经成为城市人心头越来越热烈的向往。

乡土性虽然是乡村旅游资源最专属的特性,但不仅体现在乡村地区,还作为中国重要的文化特色,在新型城镇化进程中发挥重要作用。在21世纪的全球化浪潮中,当我们回眸寻找有中国本土特色的文明方式时,自然而然就会关注到乡土性。2013年召开的中央城镇化工作会议上指出,要"把城市放在大自然中,把绿水青山保留给城市居民……让居民望得见山、看得见水、记得住乡愁"。乡土性的保存,已经成为我国城镇化战略的基本共识之一。

乡村旅游资源的乡土性是其吸引力的主要内容,但也容易出现资源替代性强、市场影响力有限等问题。这就需要找到一个突破点,用心用情打动城市人——乡村旅游的主体客群,让乡土性成为人们梦中的世外桃源。自称"乡下人"的沈从文在《边城》中精心构建了一个湘西世界的神话,讲述了一个传统意义上牧歌式的乡土故事。在故事的发生地——花垣县边城镇,国内外无数文人骚客前来观光采风,从而带动了当地乡村旅游业。这也让当地政府看到了乡村旅游的潜力,随即在2005年将原有的"茶峒镇"正式更名为"边城镇",从命名的角度,充分体现旅游资源的乡土性,扩大了其资源影响力和独特性。

(二)时令性

从上述乡村旅游资源的概念我们可以得知,乡村旅游资源既包括自然旅游资源，还包括人文旅游资源，与农业生产等经济活动也密切相关。自然旅游资源和农业生产常常受到自然条件的周期性影响，如气候变化、水热条件、四季变更等，从而产生明显的周期性。人文旅游资源中的岁时节令、生养婚娶、游艺竞技等也常常集中在某一个时期。正是由于乡村旅游资源的以上特点，导致其在时间分布上呈现出一定的周期变化，这种跟随时令而变的周期性模式，就是乡村旅游资源的时令性。

"掌握季节，不违农时"是农业生产最基本的要求之一。古农书《齐民要术》上就写道："顺天时，量地利，则用力少而成功多，任情返道，劳而无获"。自古至今，节气和时令就与农业生产有着紧密联系，时令性对乡村旅游资源的影响力也不言而喻。在乡村地区，许多景物在一年四季中显露出不同的美，例如有着"世界梯田之冠"美誉的龙脊梯田就会随季节的更替而变幻无穷，春如层层银带，夏滚道道绿波，秋叠座座金塔，冬似群龙戏水。有些景点有特殊的时令性，只有在某一特定的时间季节才会展现出最好的景致，比较出名的有婺源的油菜花季、雪乡的雪季等。再者，像泼水节、三月三等民族节日，也只有在特定的时间内才可以参加，因而旅游应"当令""当时"。

而当乡村旅游资源的时令性作用在乡村旅游产业之上，便会使旅游者人数和旅游收入在不同时节体现出不同的差别，即有了旺季、平季和淡季的区分。有的学者将这种差别称为旅游中最容易理解却最难以解决的问题，也有学者认为这种"潮汐式波动"是全球旅游的主要特征。通常来看，旅游资源的多样性越强，可吸引市场的混合度越高，旅游资源时令性所带来的淡旺季就越不明显。在实践中，各地也常常通过不同时节的资源搭配，来最大化时令性带来的优势，降低时令性的负面影响。桂林市灵川县海洋乡就充分利用成规模的银杏、桃林、山地等乡村旅游资源，形成"春赏万亩桃花，夏品优质水果，秋看金色杏叶，冬观高山雪景"的四季乡村旅游格局。

（三）民族性

我国是一个多民族聚集的国家，少数民族大部分地处范围广阔的乡村地区，这为乡村旅游的发展提供了其赖以存在的基本物质基础。原始秀美的自然环境、特有的民族文化元素、生态与文化相结合的民族乡村景观以及淳朴厚重的民族风情，共同构成了乡村旅游资源的民族性特征。

民族性为不少欠发达地区的发展带来了希望。一方面，许多少数民族地区在经济、社会等诸多领域存在着较大劣势，另一方面，其在乡村旅游资源方面具有显著优势。有学者认为，民族村寨是开展民族文化旅游最好的地区，是一种能够全方位、集中展示最真实民族文化的旅游资源，这里的民俗是活着的民俗，是正在发展着的民俗。内蒙古自治区的蒙兀室韦苏木就是一个鲜活的案例，在旅游产业的带动下，农牧民生活水平得到大幅度提升，从事旅游相关产业的户数占地区总户数的50%以上，乡村家庭游经营户年平均收入10~12万元，实现了脱贫致富。

民族性还为中国元素的国际化做出了重要贡献。"民族的就是世界的"！这已是人类的共识。越是民族性强的乡村旅游资源，也越具有吸引力。尤其是在传统意义上地处边远地区的少数民族乡村，不仅对国内游客具备独特吸引力，更是吸引国际游客的重要筹码，让国际游客除了到访"京、西、沪、桂、广"等传统目的地外，也能来到极具民族性的乡村地区，来体验另一种意义上的中国。1986年，在法国巴黎金秋艺术节上，贵州黎平侗族大歌一经亮相，技惊四座，世人方知侗乡在黎平。如今，被称为"侗乡之都"的贵州黎平，已经拥有90多个中国传统村落，被众多法国游客称为"让灵魂得到释放的地方"。

（四）脆弱性

乡村旅游成为众多游客喜爱的一种旅游形式，重要的一点是游客向往无污染、无破坏的自然生活。乡村地区远离喧嚣，拥有独特的民族民俗风情，散发着自然、原始的味道，是吸引众多游客到此旅游的重要原因。

但是，我国高品质的乡村旅游资源大多数分布在偏远地区，原始形态的保留程度较高，如果一经破坏，很难恢复原来的面貌。同时，由于乡村地区经济条件与生活水平相对落后，当地可能会通过一些不合理的更新改造和开发建设来提高生活水平，在很大程度上对乡村旅游资源造成不可逆的破坏。加上乡村旅游资源的规模通常较小，与大规模的山水旅游资源、高恢复力的城市旅游资源相比，显得更加脆弱。

从资源类别的角度来分析，乡村旅游资源的脆弱性又主要表现在两个方面。

一方面是乡村生态资源的脆弱性。乡村生态环境是一个自然生态系统与社会系统共同组成的更为复杂的大系统，不仅是旅游活动的客观环境，也是广大农民赖以生存与发展的基础。因此，对乡村旅游资源进行开发利用时，必须遵循生态学的规律，把保护乡村生态环境放在重要位置，始终坚持保护性开发原则。

另一方面是乡村旅游文化资源的脆弱性。旅游活动发生发展的过程也是不同性质文化相互接触、碰撞、取舍、融合的过程。因此，开发乡村旅游资源时，要注重对当地文化的保护。

第二节 乡村旅游资源的开发

一、乡村旅游资源开发的理论基础

乡村旅游资源的保护与开发需要一定的理论基础作为指导，一般来说乡村旅游资源的保护开发要符合乡村社会发展的规律，注重可持续发展，并以体验经济理论为依据开发符合游客需求的旅游项目。

（一）乡村社会理论

乡村社会特征是乡村社会理论研究的中心内容，此外，对乡村社会的外形特征与内在实质的研究也是乡村社会理论研究的重点。在对乡村社会研究的过程中，研究者通常都会认为，对乡村特征进行衡量的主要指标是"乡村性"。

大多数乡村社会学研究者从乡村地区的机能特征，即以机能性原则阐释"乡村性"，主要从土地利用方式（农林牧副渔用地比例）、自然资源与聚落所占面积比例、人口密度等方面来衡量。1997年，Cloke 采用 16 项指标建立乡村的指标体系，并将乡村分为偏远乡村和城市近郊乡村两种主要类型；国外对乡村发展水平研究时，也多应用"乡村性指数"来衡量，这些指标一般包括就业结构、人口结构、人口密度、人口迁移、居住条件、土地利用和偏远性等。这种机能性定义的乡村地区，因顾及空间地区的范围，常为地理学者所采用；但是却因其空间机能的考虑所限制，又与社会学或经济学、人口学所定义的"城市化"指标无太大差异，都是一种人/自然资源比例的测量，或是人/地密度的问题。与之相对应的，所谓乡村地区就是"城市化程度不高的地区"。

随着市场经济的不断发展，我国的社会经济环境也在不断发生着变化，人们对于城市与乡村的定义也在不断发展。当前，研究者在对乡村社会进行研究的过程中，在对乡村性进行阐述的过程中，通常会使用构建性原则。研究者认为，对乡村性定义的过于机能性，实际上是更为倾向于地理空间，而对乡村社会和经济的变化没有引起足够的关注。因此，乡村社会学的研究者开始更为倾向于对乡村的构建性特征。

随着乡村旅游的发展和人们对乡村旅游认识的逐渐深入，机能性的"乡村性"定义已不符合乡村旅游实践发展的需求，对乡村性更为广泛的认知即倾向于"建构性"的乡村性定义逐渐为学者们采纳。美国社会学家 Realer 提出应从生态、职业、文化三个层面来认识"乡村性"，拓宽了旅游研究者认识的视野，理查德·沙普利（Richard Sharpley）提出对于乡村旅游研究的有意义的"乡村性"定义应不只局限于其功能性的定义如人口密度、土地利用等，而更应包含反映乡村社会文化结构的特性，即"文化倾向性"应是乡村性的主要特征。2001 年台湾学者汤幸芬对"乡村性"做了较为全面的论述："乡村旅游的休闲内涵其实暗涵了压力之纾解，与乡村性的追求。"当前，乡村环境正在发生翻天覆地的变化，学术界对于乡村性的定义也在随之改变，因此，我们在对乡村性进行深入研究的过程中，必须要从文化、地理空间、经济等角度出发，以此来把握乡村性的深刻内涵。

（二）旅游生命周期理论

所谓的产品生命周期，最常见的是被应用于市场营销学中，指的是对于某一种产品来说，从其投入市场到最后被淘汰的全过程，可以被简称为 PLC。在 20 世纪 80 年代，生命周期理论被引入到旅游学领域，在经过一段时间的演化与融合之后，逐渐形成我们在旅游学中常见的旅游产品生命周期。在旅游产品生命周期理论中，将旅游产品的整个发展过程分为了四个阶段，即导入期、成长期、成熟期和衰退期。在不同的阶段，旅游产品表现出了不同的特征。

（1）导入期。旅游产品在导入期表现出来的特征是，产品的构成还不够成熟，并且相关的配套设施的建设也不够完善，因此能够吸引到的旅游者较少。并且，在该时期，消费者对于该项旅游产业也没有形成全面的了解，因此最终的销量不大，所获得的利润也不高，没有建立起稳定的销售渠道。开发者在该时期对促销费用的投入较大，因此就缩减了产品的利润空间，甚至还会发生亏损的情况。通过该项旅游产品所获得的收入增长缓慢，并且不具有稳定性，产生的竞争者也不多。

（2）成长期。旅游产品在成长期表现出来的特征是，产品逐步走向成熟，相关的配套设施也较为完善，销售渠道逐渐打开，获得了一定的销量，产品销量和销售额都有所提高，单位产品成本下降。旅游产品所吸引的游客数量逐渐增多，对产品的了解也较为深入，旅游产品的知名度获得提高。

（3）成熟期。旅游产品在成熟期表现出来的特征是，大量的游客已经熟知旅游产品自身的特色，因此对游客的吸引力逐渐下降，来此参观的人数在达到顶峰之后，开始逐渐呈现下降的趋势。在这一时期，旅游产品可以获得市场逐渐趋向饱和状态，无论是销售额还是相关的利润收入，都有所下降，在市场中呈现出激烈的竞争状态。

（4）衰退期。旅游产品在衰退期表现出来的特征是，旅游产品的吸引力明显下降，到此参观的人数和旅游产品的销量减少，已经出现了新的产品来取代旧的旅游产品，消费者的兴趣被逐渐转移。在该时期，旅游产品的价格达到最低点，所获取的利润较低，甚至还会出现亏损的情况，通过旅游产品来获取的利润呈现出断崖式降低，大多数的企业开始选择退出。

对乡村旅游资源的开发旅游产品要根据乡村旅游地所处的发展时期合理确定开发的策略，保证旅游资源得到最优的利用。

（三）可持续发展理论

存在五个必要性使得官方必须参与到乡村旅游发展中，包括潜在资源的保护、供给设施的现代化、营销、培训以及扩大乡村旅游的社区参与。旅游业可以在"重建与发展规划"中发挥中心支持作用，但作者也指出这种作用还没有在市级层面上以有意义的方式实现。

在对乡村旅游进行开发和经营的过程中，要注重生态环境在其中起到的重要作用，要重点对生态环境进行改善和保护，以此才能实现的农生旅游产业的可持续发展。当前的很多管理部门，在对农村旅游项目进行开发的过程中，没有认识到当地生态环境的重要性，只单纯想要获得经济效益，对资源的利用和开发，却给当地的生态环境造成了无法挽回的损失。此外，当地农民的意识中也没有形成强烈的环境保护观念，因此对文物的保护不够，很多更是遭到了破坏。一些游客在旅游的过程中，也缺少生态保护意识，放任自己的行为，随意丢弃垃圾，破坏文物，这对乡村当地的生态环境都带来了重大的负面影响。

当前乡村旅游实现了快速发展，其中的一个重要原因就是，当地的居民为乡村旅游的发展起到了良好的支撑作用。无论是乡村的民俗文化还是地域特征，都是以当地的居民作为基础的，这对乡村旅游的最终形成具有重要的支撑作用，并在这些因素的相互作用下，共同形成了一个浓厚的文化氛围。在乡村旅游发展的过程中,不仅要注重生态环境保护的问题,以此实现乡村旅游的可持续发展,同时还要注重提高当地农民的收益,让他们享受到应有的权利。从乡村旅游的整体经营发展状况来看,其涉及了政府、农村集体、经营商、开发商、农民等多个环节,这也使得乡村旅游成为了一条完整的产业链,将不同的角色相互联系在一起,而处于这个产业链最底部的广大的农民,他们在乡村旅游运营的过程中,所受到的影响是最大的,但是所获得的收益却是最少的。因此,想要实现乡村旅游的可持续发展,就必须要对产业链中的各个环节进行合理的协调,实现利益的公平分配,确保各方面的权益不受到损害。

20世纪末,乡村旅游的发展状况引起了众多学者的注意,他们针对乡村发展中,乡村旅游所起到的作用进行了深入的研究。这些研究者从多个视角出发,针对旅游与发展之间的关系用大量的篇幅进行了说明。实践证明,在实现乡村的可持续发展过程中,乡村旅游起到了重要的拉动作用,这不仅可以增强地方文化,加强本地同外界的交流,增强本地群众的自豪感,同时还对提高当地农村的收入,拉动当地的经济发展都具有重要的意义。

在乡村旅游的发展中,如何实现文化的可持续发展也是人们面临的一个重要问题。本土性应当作为发展乡村旅游的特色,实现与乡村性的结合。在乡村旅游的发展中,不可避免的问题就是,乡村文化在与现代文化的碰撞中,出现了更多的矛盾,必须要对二者进行恰当的协调。从物质层面和精神层面来看,乡村文化和游客的文化之间存在较大的差异。具有现代化的生活方式对当地的农民产生了很大的诱惑,很多村民甚至放弃了自身的特色文化,开始盲目寻求最为现代化的生活方式,长此以往,乡村旅游就会因失去文化特色而逐渐走向没落。在这种情况下,为了实现乡村旅游的可持续发展,必须要加强对当地传统文化的保护,提高本地农村的生存意识,正确对待外来的现代生活方式的冲击,全面保持当地的本土性和乡村性。

二、乡村旅游资源开发存在的问题

乡村旅游资源在旅游规划中具有重要的地位,其珍稀性和独特性决定了该类规划是一个保护性导向的规划。此外,在旅游开发过程中,为追求经济效益,众多旅游资源遭到破坏,开发技术手段问题也导致乡村旅游资源在开发过程中面临着一系列问题。

（一）过度城市化，缺乏科学规划

由于初级开发乡村旅游资源的门槛并不是很高，因此很多乡村在没有科学规划地情况下就参与该领域的发展，以至于很多乡村旅游只是对原始的农业资源进行很少的修饰或改造后就开张运营，另有一些乡村，甚至什么都不改变就直接进入了"乡村旅游"的运营服务，这就导致乡村旅游在很多方面处于混乱状态，常常是一些简单的重复，而很少在充分调研和论证的基础上完成科学合理的乡村旅游专项规划。因此，目前我国乡村旅游的发展一般在资本投入上相对较少，在运营规模上也相对较小，管理水平较为业余，存在较多的低水平重复问题，此外，还存在非常明显的无序发展问题，忽视市场、无视人性、不顾及长远的开发行为越来越多。产品存在雷同性，各乡村旅游地之间不敢联合，不能形成单点特色鲜明的"乡村旅游线"。而且各乡村旅游地为保障自身利益去争夺客源，内部分割现象日益凸显，导致市场无法做大。

多数乡村在开展乡村旅游时，不顾对环境造成的污染和破坏，过分依赖非自然的技术手段，大兴土木，人工痕迹过于明显，城市化倾向严重。不少民俗旅游地也多在民俗建筑上下功夫，对原有的民居进行夸张性的改造，使其成为建筑物展览，失去了鲜活、古朴的生活情趣，对乡村旅游的特色造成了极大的影响。农户家庭更是盲目花费大量成本改善硬件设施，大规模建造多层住宿楼房，房屋豪华装修，向豪华宾馆的客房装修看齐，反而让为了逃避"建筑森林"的城市环境而选择乡村的旅游者失望。

（二）资源利用率低，管理存在问题

从宏观层面上来说，由于乡村旅游发展时间较短，且基本上是自发性地增长，所以，其管理经营体制很不健全。规范机制几乎空白，除了上海、天津等少部分地区已经对全市范围内的农家乐进行规范外，大多数地方还没有任何部门进行相应的规范，包括管理规范和技术规范。资源保护和环境保护执法渠道不畅、执法依据混乱。乡村旅游是一种复合性的经济现象，不仅属于现代农村区域发展，而且也关系到城镇化建设，此外，还会影响农业产业结构的升级发展和现代生态旅游的运营和保护等，因此，诸如多头管理问题等都容易出现在这一领域。从乡村旅游现阶段的内部运行管理来看，也存在一些新的问题，主要是很多之前并没有专业旅游开发和管理能力的民营力量开始以乡村旅游为新的开发对象，这些民营力量支持和保证乡村旅游健康运行和快速发展相关的专业知识和管理经验几乎空白。

（三）乡村旅游资源开发中存在资金"瓶颈"

由于乡村旅游远离城市化、工业化发展的经济主战场，因此，开发乡村旅游资源需要拓宽投融资渠道，加大资金投入，完善基础服务设施。然而在融资方面，乡村旅游资源的开发存在缺乏抵押物、贷款信用与担保不够、贷款门槛高且程序复杂、融资信息不对称等突出问题。此外，有些投资者在早期难以准确判定投资金额，很容易导致后期资源开发出现资金链断开、周转困难等问题。

（四）自然因素导致乡村旅游资源保护难度大

由于自然因素的作用使部分乡村旅游资源遭受损害和破坏。一些重大的突发性自然灾害的发生，如旱灾、洪涝、台风、风暴潮、冻害、海啸、地震、火山、滑坡、泥石流、森林火灾等，往往会使受灾地区的旅游资源遭到重大破坏。这些重大突发性自然灾害发生在乡村地区的概率超过城镇地区，有的甚至对某个乡村地区是毁灭性的破坏，例如泥石流一般发生在半干旱山区或高原冰川，其中在西藏、四川西南部、甘肃等地的乡村地区极易发生雨水泥石流，一旦发生，可能冲毁乡村，破坏房屋、农作物、林木、耕地，对乡村旅游资源是毁灭性的冲击。某些动物例如鸟类和白蚁的破坏作用，往往会对乡村旅游资源的安全构成威胁，如"国家级历史文化名村""首批中国传统村落"的浙江省金华市傅村镇山头下村很多古建筑遭到白蚁的大面积侵蚀，部分古建筑甚至存在倒塌风险。而病虫害对农、林、牧业的影响也导致以此为基础的乡村旅游资源遭受破坏。这些不可控的自然因素加大了乡村旅游资源的保护难度。

（五）乡村旅游资源开发的观念滞后

在传统观念中，人们认为只有风景和古迹才能发展旅游业，农村经济相对落后，乡村旅游资源的吸引力不够。因此，在思想意识上就对乡村旅游的发展进行了自我否定。且一些运营商思想落伍，想要单纯通过售票和周边产品赚取收入，导致乡村旅游运营难以维持。也有一些运营商投入了大量资金，但由于对乡村旅游自然资源的开发较少，人工建筑较多，降低了游客在旅游过程中的满意度。

此外，乡村旅游资源的开发方缺乏开拓精神和创新意识，因此，有关部门必须转变思路，树立正确的旅游资源观，促进区域经济发展，使乡村优势资源得到有效利用。

三、乡村旅游资源开发的基本策略

（一）精准把握旅游资源的定位特色

1. 特色形象定位

旅游形象定位就是通过设计和促销有特色的旅游产品，让社会公众和旅游者了解本地区与其他地区的差异从而形成独特的市场销售点。实际上也就是说，旅游地要在游客心目中留下生动、鲜明、独特的形象，吸引游客再次前来。现代乡村旅游，想要实现长久的发展，前提条件是要形成正确的形象定位。只有在树立正确的形象定位之后，在激烈的旅游市场竞争中，才能崭露头角。应当注意的是，旅游地形象定位的正确设立，需要遵循以下两项重要原则。

第一，在自身资源基础上设立。旅游地要设定正确的形象定位，必须要突出自身的特色，要明确自身的优势和劣势，这样才能做到扬长避短，实现合理的形象地位。在建设乡村旅游的过程中，必须要注重突出自身的特色，这样才能与其他的竞争者相区别，以此获得旅游市场的竞争优势，这同时也能吸引更多的旅游者前来参观。从这里可以看出，突出自身的独特型是乡村旅游形象定位的关键。

第二，区别于其他竞争者的形象定位。随着我国经济的快速发展，无论是在哪个领域的发展中，突出自身的特色都是获得竞争优势的关键，也只有这样才能与其他的竞品相区别，避免模仿的出现。对于乡村旅游来说，也是如此。乡村旅游的发展也要突出自身的旅游资源优势，防止盲目跟风情况的出现。此外，需要注意的是，在乡村旅游发展的过程中，要注重实现对旅游资源的充分利用，拓展管理思维，将更多的可用资源投入到旅游资源的使用中，丰富旅游资源。实践证明，实施差别化策略是乡村旅游取胜的关键，乡村旅游想要获得可持续的发展，就必须要设定独特的形象定位，不断开拓旅游市场，吸引更多的游客前来参观、游玩。

2. 乡村旅游地形象建立的基本过程

建立乡村旅游地的形象需要经过前、后期两个阶段，前期阶段的工作主要是进行基础性的研究，包括地方性研究、受众调查和分析、形象替代性分析等方面的工作；后期的工作则是要进行显示性的研究，包括对旅游形象的具体表达方式，如理念识别、视觉符号以及传播口号等进行研究和探讨。需要注意的是，在建设乡村旅游地旅游形象的整体的过程中，起着关键性作用的是，对地方文脉的分析。

所谓的地方文脉分析，指的就是对乡村旅游地所拥有的资源的特色，长久流传下来的民俗文化，以及在乡村未来发展的过程中所形成的社区文化等，进行全面和深入的分析，以此来发现本地在发展乡村旅游的过程中，与其他地区旅游相比较，所存在的特色资源或是文化，并将其作为本地乡村资源发展的特色。在旅游地树立形象的过程中，文脉分析在其中充当着最为基础性的工作，同时也是最为重要的环节。这是因为，文脉是形象内容的主要来源，其决定了旅游形象的最终的本质内涵。此外，地方文化的渗透也是乡村旅游形象设计的关键，其是乡村旅游地想象设计的灵魂。

旅游地形象宣传口号的确定，需要以市场调研分析作为基础和前提。这是因为，在通过文脉分析得出旅游地的基本形象之后，还需要通过市场调研的形式来对游客对于旅游目的地的总体印象来进行感知和分析。这样做的关键是，只有旅游者才是旅游地进行形象传播的对象。通过调查分析的形式来确定旅游地的宣传口号，这样做的目的是，确保口号的建立可以满足旅游者的心理预期。

充分体现出旅游地的特色，显示旅游地的个性化差异，这是对旅游地进行分析的重要原因。旅游市场的竞争同样激烈，并且在通常情况下，旅游者对旅游目的地的认知也会存在"先入为主"的观念。因此，相关人员在对乡村旅游地的想象设立的过程中，首先要进行竞争性分析，避免所设计出来的旅游形象被其他旅游地设立的形象所覆盖。例如，对于水上乐园威尼斯，钟表王国瑞士等形象的设定，这些旅游地形象的设定，从本质上是无法进行改变的。如果两个或是多个旅游地具有资源和功能相同的特点，那么对这些地方进行文脉分析就更是关键，只有这样才能区分出不同旅游地所具有的特色，以此才能与其他的旅游地相区别。需要注意的是，在对旅游地的产品进行设计的过程中，也要凸显其中的差异化和个性化，这是因为，产品的差异化也能凸显出旅游地形象上的差异化，形成独特的旅游地特征。

乡村区域是乡村旅游地形象的客体，旅游地规划设计师和旅游者则在其中充当着主体的地位。设计师的思想和工作贯穿于旅游地想象设计的始终，包括分析基础信息、提炼核心理念和进行形象的包装等多个设计环节。旅游者的主体作用体现在，可以完成对旅游地形象的最终评价。因此，旅游地形象是由开发者和旅游者共同决定的。

（二）科学厘定旅游资源的产品定位

1. 明确产品开发定位

完成调研评价之后需要对所需开发的乡村旅游产品进行准确地定位。一般来讲，即使一个很小的旅游产品，在开发初期也需要进行全方位的定位，这样做是为了避免盲目开发，比较准确地把握产品的开发方向。

乡村旅游产品开发定位主要包括以下几点：

（1）区址定位。确定产品（项目）的主体方位、区域范围以及开发面积、周围边界的基本界定。

（2）景观特色定位。确定产品（项目）的主体（或核心）景观以及主要的资源属性、品位等级、景观特色。

（3）客源市场定位。也就是说，需要对乡村旅游地的主要客源市场以及相应的客源地群体和他们的消费水平，进行分析和确立。

（4）产品功能定位。确定主要功能，其中包括专项、特种和复合等类型，如是乡村度假休闲型（农家乐、乡村乐园、生态养生、健身运动）、乡村观光体验型（自然景观、现代农业、农产品采摘），还是乡村民俗文化型（历史镇村、民族风情、民俗节庆）、乡村综合型（新农村展示、红色旅游、科技示范、农副产品）。

（5）重点项目定位。对各个重点建设项目中所包含的多个子项目进行明确，然后还需要对这些子项目分别进行概念性的策划，或是对这些子项目的主题、内容和风格进行整体上的规划。

（6）开发时序定位。在乡村旅游地的开发建设过程中，要分别对工作的目标、顺序和具体的实施计划进行确定。

2. 突出产品乡土特色

（1）建筑、住宿风格。生活在城市的游客前来乡村旅游，主要是想体验不一样的风土人情，因此乡村旅游在发展的过程中，一定要注意对乡土和民俗的保留，尤其是在建筑风格和住宿环境方面就更是如此。只有这样才能让这些群体游客感受到乡村旅游的特色，为他们在心灵上带来愉悦和新鲜感。我国拥有广阔的疆土，生活在不同地域的村民，都拥有着独特的民俗特色，各地的景观意象也大不相同。例如，我国具有浓郁乡土风格的民居有，东北地区的口袋式民居，华北地区的四合院式民居，南方的天井院、客家五凤楼、围垄及土楼，西南地区干栏式民居等。很多村落还建设有本地的乡村宗祠建筑，能够从一定程度上反映出当地居民的生活情况，它们是当地村落发展的历史见证者，拥有独特的景观意象，吸引着大批的游客，例如气派恢宏的祠堂、高大挺拔的文笔塔、装饰华美的寺庙等。

乡村建筑要避免与城市风格雷同。对于发展乡村旅游的村落来说，在对当地的建筑进行规划的过程中，一定要注意对建筑民风的保存。如果建筑在规划的过程中，加入过多的现代元素，将其建设成为盒子状的楼宇，用彩色的瓷砖将其包裹起来，就会与当地的整体环境产生突兀感，破坏乡村原有环境的和谐。这种建筑模式会让长期生活在城市的游客失去新鲜感，无法找寻回归自然的感觉，乡村旅游也就失去了其独特的魅力。

乡村建筑要强调农家的乡村基调。所谓乡村旅游，也就是说将旅游目的地规划在广大的农村，这里具有浓郁的乡土气息。乡村环境是乡村旅游建设的基础，能够凸显出中国传统农耕社会的生活方式，展现农家闲情逸趣的意境，外有田园、内有书香的衣食富足的美好生活。久居在城市的游客，选择到乡村旅游的主要目的就是体验不一样的生活情趣，切身体验乡野之趣、田园之乐，寻找向往已久的"农"味、"野"味、"乡土"味。

城市与农村、市民与农民之间无论是在生产还是在生活方面，都存在较大的差异，这就最终导致了乡村旅游的产生。建设乡村旅游的核心是，让久居城市的人群回归到田园，享受农家的生活乐趣。"土"不仅是乡村旅游的特色，同时也是乡村旅游的定位，农村、农业和农事是乡村旅游的主要载体，在对其进行宣传的过程中，也要紧紧抓住乡土的特征。

乡土特色蕴含在乡村旅游的方方面面，无论是田园风光还是自然山色，都有乡土的气息。游客参与乡村旅游，可以全面体验农家的生活，体验农民春耕夏耘、秋获冬藏的劳作。各地所处的不同区位和自然条件，应当是其建设乡村旅游的基础，这样才能凸显乡村旅游的差异性，体现不同的韵味。例如，浙江富阳新沙岛所推行的乡村旅游，没有建设现代化的建筑，也没有优美的历史传说和文化古韵，但是却吸引了大量的中外游客前去游玩，其原因就在于在游客进村的过程中，采用坐牛车的方式将游客带到村落中，这样就可以将进村的路程转化为旅行观光的过程，切实体验到农家的生活情趣。游客在这里可以看到我国古代人民的生活缩影，例如蓑衣、谷砻、石磨、纺车等传统农耕工具。

在经历长时间快节奏的现代生活之后，很多人都开始向往古代悠闲的田园生活，乡村旅游就可以满足游客在这方面的需求。乡村旅游地在进行规划的过程中，可以加入几乎要绝迹的水车、水磨、石碾、鸡公车、过江溜索等；建立农耕文化展室，陈列石磨、织布机、风车、拌筒、斗笠、蓑衣、升子等，挂上相关的生活和历史照片，然后再搭配上优美的解说词，可以让从未感受过乡村生活的城市居民尤其是青少年，能够对乡村的产生和生活习惯进行认识和了解。

（2）设计特色饮食和旅游服务。在经历了繁忙的城市生活之后，更多的人开始形成对自然的崇尚，开始追求乡土的美味，并逐渐开始成为城市人的一种新时尚。因此，乡村旅游在发展的过程中，还要注重从饮食的饭菜和服务两方面下功夫，为游客提供绿色的饮食。在游客全身心投入到体验民俗文化的过程中，还能体验到乡间的绿色美味。在乡村旅游的饮食设计上，需要为游客提供全生态的乡土绿色食品。在长时间的调查后发现，绝大部分的游客都认为农家菜具有浓厚的地方特色，尽管菜品的档次不高，但是却极为可口，并且极为新鲜，没有受到污染，是纯绿色食品，有益健康。因此，在乡土饮食的设计上，要注重饮食品种的多样化，在菜品的特色和味道上下功夫，要选取新鲜的食材，注重蔬菜的无公害性。民家菜和农家菜应该作为乡村旅游的主打菜品，将"土"作为菜品的特色，选用土鸡、土鸭、土猪肉、土鸡蛋、山珍野菜、石磨豆花等作为烹饪的原料。采用简单的烹饪手法，用简单的工具保留菜品的原汁原味，全面体现"绿色"的风格，从而满足游客追求自然、健康、传统、养生的饮食文化追求。

在乡村旅游饮食的服务上也要注重对乡土味的保留。在待客方式上，要始终坚持农村的热情和真诚，展示古朴的民风，粗粮、菌竹、野菜、土碗、陶钵、大地锅，把乡情之"真"、风物之"淳"、乡村生活之"实"都放在民间传统的"田席"上。在墙壁上，挂一些具有鲜明农村特色的东西，如丝瓜瓢、红辣椒串、腊肉、老玉米等；吃饭的桌子、凳子也用当地的木头或石头做成，加上潺潺的水车、古老的榨油机，一种农家意境便凸显出来。乡村旅游的餐饮土气而野性，乡土甚浓，游客便觉自然原始，有返璞归真之感。

（三）彰显民俗文化

所谓的民俗指的就是民间的风俗，是在民间产生的，并在民间进行传承，其中既包括事物的传承，同时也包括思想和行为的传承。广大的中下层劳动人民在生产和生活中，会创造出独属于他们的民间社会生活文化，这就是民俗的产生，在传统文化中占据着重要的地位。乡村民俗文化涉及众多的方面，包括生产、生活及礼仪等多个方面，不仅生动活泼，并且还多彩多样，点缀了人们的生活。从一定程度上可以说，民俗和旅游是不可

第二章 乡村振兴背景下乡村旅游资源的开发与保护

分割的。在现代旅游活动过程中，久居某个地方的人们，在离开当地进入到别的地方之后，就可以感受到一种不同的风土人情，与自己经常接触的有很大的差别。无论是在生活方式、饮食方式，还是在社交礼仪和娱乐活动方面都存在着很大的差别，让游客体验到一种别样的文化生活环境，也就是人们所谓的民俗文化氛围。也就是说，脱离所在地民俗文化的旅游行为，实际上是不存在的。

我国拥有广阔的地域，这就使得每一个地域都拥有着不同的特色文化。在经历了长期的历史发展之后，各民族地区形成了具有鲜明特色的民俗文化。展现乡村旅游特色的关键，就是乡村民俗文化，这也是能够吸引游客前来参观的重点。从这里就可以看出，在乡村旅游开发的过程中，必须要注重对乡村民俗文化活动的关注，将其作为乡村旅游开发的重点。

（1）突出民俗文化的功能性。乡村民俗文化具有参与娱乐的吸引力。各民族各地区别具风格的民间传统活动，像朵朵奇葩，绚丽多彩，其内容包罗万象，尤其是一些重大节日，几乎是民间经济活动、宗教信仰、文化娱乐、社会交往和民族心理等多方面的民俗事象的集中反映，具有全信息性质，是一种具有综合性的文化现象。将游客带入民风民俗之中，这样才能让他们切身感受到民俗文化的动人之处，入乡随俗，这也是乡村旅游的最佳旅行方式。因此，在乡村旅游中，无论是在服饰、饮食、体育活动，还是在传统节日和婚丧嫁娶中，都会设置有丰富的娱乐项目，有的甚至还会邀请游客参与其中，全面满足人们好奇、探究的心理。

乡村民俗文化具有旅游观光的吸引力。乡村民俗文化最能体现、发扬中国旅游的文化性，弘扬中华民族的优秀文化，同时民俗文化旅游也有利于文化交流和人们互相间的了解和交往。

乡村民俗文化的旅游吸引力，来自于与旅游者所属民族文化的差异性。这种差异是一个民族一个地区区别于其他民族和地区文化的组成部分。用这种它地绝无仅有的民俗文化资源发展旅游，可使旅游者领略各民族绚丽多彩的乡村文化活动和民俗风情，增强了解各民族、各地区的历史、现状和动向，从而增强旅游吸引力。

（2）促进乡村民俗特色的开发。在对地区的民俗文化进行开发的过程中，一定要注意要从当地的实际情况出发，要能充分体现出当地的民俗文化特色，这才是对民族文化开发的最佳形式。将丰富多样的民俗文化蕴藏在乡村旅游建设中，不仅可以提高乡村旅游的精神内涵，同时还可以展现民俗文化的趣味性和多样性。想要提高乡村旅游对游客的吸引力，可以通过开发民俗文化入手，提高乡村旅游的精神内涵。具体来说，可以从以下两个方面入手。

第一，挖掘当地的风俗民情。乡村旅游的发展必须要对民俗文化的内涵进行深入挖掘。村落中的各种资料，在对其进行合理利用的情况下，都可以成为乡村旅游资源，例如不同的季节、农作物、乡土民俗或是不同的民族等，都可以成为对乡村旅游资源进行丰富的重要载体。实践证明，在乡村旅游中，加入一些民俗风情元素，会对游客产生较大的吸引力，尤其是国外游客。

第二，增强民俗文化的参与性。当前，在大多数的乡村旅游中，所涉及的娱乐项目主要集中在吃、住、玩等项目中，属于低层次的休闲方式，所涉及的民俗文化极为有限，这就在游客体验乡村生活的过程中，大大减少了他们的参与性，也减少了他们的乐趣。对于游客来说，他们选择旅游来满足自己的精神需求，因此也想要参与到民俗文化活动过程中。"乡土"是乡村旅游的特色，因此在游客体验当地的民俗文化、农耕文化和乡土文化的过程中，可以适度增加活动环节，让游客切身参与其中，增强游客体验的乐趣，提高当地乡村旅游对于游客的吸引力。

第三节 乡村旅游资源的保护

在乡村旅游发展的过程中，一定要注重对旅游资源的保护，这不仅有利于乡村旅游的可持续发展，同时对于人类的生存繁衍都具有重要的意义。我们能给后代子孙怎样的自然美？那些正在消失的语言文字能否留存和传承下去？如何让生活在这片土地上的人们更好地享受自然的馈赠？这些让我们对乡村旅游资源的保护变得更有意义。

一、旅游资源开发与保护应协调推进

丰富的乡村旅游资源成为发展乡村旅游的前提和保障，这些资源的存在和延续不单单是为了增添游客的乡村旅游体验，更是当地人们生存环境和生活条件的优化表现。国家的繁荣预示着人民的幸福，人们的生活稳定愉悦也是国家富强的具体表现，尤其对于中国这样的农业大国，在广泛的乡村地区，人们拥有好的生活状态更是国家层面的需求。具体而言，乡村地区的人居环境和社会环境是促进农村地区安全稳定的风向标。通

过保护，以期能更好地维持自然生态环境，保持"乡村性"，维系"乡土情结"。

然而，资源的价值体现在更好地为人类的需要服务，对资源的开发恰恰有可以提高其价值的可能性。中国的西递、宏村，日本的濑户内、意大利的五渔村（Cinque Terre）等村落，借着市场化的手段，开发成为现代人向往文化气息的生活休闲之地，不仅更好地体现了其利用价值，同时也让其得到了更好的保护。那么像这样开发利用得当，作为逻辑意义上非消耗性资产的旅游资源也是可以"用之不竭"的。但是在实际的实践中，利用和管理不善却是常态，所以很容易造成这些资源的破坏。可以预见的是对乡村旅游资源的破坏会造成其质量的下降，影响其市场吸引力；更为严重的破坏甚至会摧毁乡村旅游资源，使得该地区的乡村旅游业失去存在的基础。

所以，开发是在保护的基础上，通过周密的规划和妥善的管理，将问题的可能性降到最低。换句话说，保护与开发并不是对峙的，我们不能将它们对立起来。片面强调发展进行开发而不计较可能出现的不良后果是错误的，然而一味固守保护，过分坚守自然主义的观点也是不可取的。

二、乡村旅游资源被损害和破坏的原因

为了有效地保护乡村旅游资源，人们首先有必要认清致使乡村旅游资源遭受损害和破坏的原因。大体上来讲，主要由自然因素和人为因素两大类作用所致。

（一）自然因素的作用

由于自然因素的作用而致使某些乡村旅游资源遭受损害和破坏的情况很多，其中较为常见的情况包括：

1. 突发性自然灾害

一些重大的突发性自然灾害，如旱灾、洪涝、台风、风暴潮、冻害、雹灾、海啸、地震、火山、滑坡、泥石流、森林火灾等，往往会使受灾地区的旅游资源遭到重大破坏。有的甚至对某个乡村地区是毁灭性的破坏，如2008年汶川地震，使位于四川省北川县县境南部的漩坪乡全部淹没于地震形成的唐家山堰塞湖之下。而这些重大突发性自然灾害发生在乡村地区的概率超过城镇地区，例如泥石流一般发生在半干旱山区或高原冰川，集中在西藏、四

川西部、云南、甘肃等地的乡村地区极易发生雨水泥石流,一旦发生,可能冲毁乡村,破坏房屋、农作物、林木、耕地,对乡村旅游资源是毁灭性的冲击。位于远离山西盂县县城的深山沟谷间的大汖古村,村里的房屋依一整块巨石斜坡而建,木框结构、土石垒墙,道路和台阶也大都是从岩石上凿出。远远望去,山林葱郁、溪流潺潺,古民居层层叠叠、鳞次栉比,好似布达拉宫。虽处在北方太行山脉深处,大汖的房屋形状却带有南方山寨的特点。

1999年,山洪、泥石流爆发,山西千年大汖古村再次险遭灭顶之灾,很多房屋濒临倒塌成了危房、险房,很多保存完好的古建筑被破坏。由于自然条件和基础设施等限制,在发生自然灾害时,乡村地区往往遭受更严重的破坏,如洪水来临时可能淹没沿途的很多乡村,但在城市地区却可以有效避免。甚至于在灾害发生时,由于交通的影响,救援不及时、乡村地区物资设备缺乏,还会给乡村居民带来更严重的生命安全问题。

2. 动物性原因

某些动物性原因,例如部分鸟类和白蚁的危害,往往会对乡村历史建筑和水利设施类旅游资源的安全构成威胁,古有"千里之堤,溃于蚁穴",今有古建筑"蚁患成灾",如"国家级历史文化名村""首批中国传统村落"的傅村镇山头下村的多座古建筑遭到白蚁的大面积侵蚀,部分古建筑甚至存在倒塌的危险。而病虫害对农、林、牧业的影响也导致以此为基础的乡村旅游资源遭受破坏。农田景观和草场景观是大部分地区乡村旅游的核心资源,而它们所依赖的农作物和草场却极易受到病虫害的影响。

(二)人为因素的作用

除了自然因素的作用之外,更值得关注的则是人为原因而对乡村旅游资源造成的破坏。这里所指的人为原因在很大程度上并非有意的人为破坏,而是由于乡村地区的发展和旅游开发中的某些因素导致的破坏性后果。较为明显的这类原因主要包括:

1. 城市化因素

毋庸置疑,城市化为乡村旅游带来了发展的机会,然而机会与挑战并存,在城市化的过程中对乡村旅游资源造成破坏和损害的例子也很多。城市化进程中乡村地区遭受破坏和损害的远远不止这些可以直观感受到的物质文化景观。我国的乡村地区也面临同样的情况,尤其是一些偏远和少数民族地区，发展可能失去了本地区本民族语言的传承，那些没有文字只能靠口传的语言更加容易受到影响和遭受毁灭。随着城镇化速度的不断加快，传统的乡村社会面临着解体的危机，人们对于土地的依赖感在逐年下降，农耕式的生活方式正在遭受冲击。在很多的村落中，很多人维持生计的方式已经不仅仅在依靠土地和农业生产。随着人口流动速度的加快，职业的分化程度也越来越大，乡村空心化现象越来越严重。乡村肌理的慢慢褪去与乡村空心化，都提醒着我们城市化可能带给乡村旅游资源的质的破坏。

2. 开发建设因素

乡村旅游多为经营者自主开发，有些开发者在开发建设的过程中，由于不注意环境保护或是出于一己私利等原因而导致当地环境景观遭到破坏的现象也较常见，例如随意炸山开路、砍伐森林、大兴土木等，结果可能还没建好，环境就已经被较严重地破坏了。此外，乡村旅游资源过度开发客观上也是导致当地乡村旅游资源质量下降的重要原因之一。

例如不少乡村旅游地大兴土木、大建楼堂馆所和大型娱乐设施、乡村旅游地被改造成主题公园、从而村落景观失真，使得乡村旅游赖以存在和发展的乡村旅游资源特色消失，造成农村地区乡村特性的淡化和乡村景观的庸俗化。这些乡村低水平开发和重复建设的现象，还体现在很多乡村地区建筑物的外观统一和盲目跟风的情况，导致乡村缺乏地域特色。

3. 旅游活动因素

几年来，随着乡村旅游的火爆发展，吸引了众多的游客前来参观和旅游，造成当地往来的游客激增。游客的过度踩踏造成土地的板结，很多植物枯萎；有的游客在攀爬山顶的过程中，对周围的土石进行采挖，造成严重的水土流失，很多树木的根系被裸露出来，并最终造成了众多草木的死亡，这对于当地的生态环境是一种巨大的损害。

除此之外，众多游客的不文明的旅游方式也会对当地的生态环境造成破坏。游客使用的交通工具，会排放出大量的废油和废气，这些都会对乡村地区的空气环境构成影响，超过当地的承载量之后对空气质量会造成污染；游客食宿产生的生活污水和生活垃圾也会对乡村地区的水体质量和生态环境造成影响，有的时候会变成较严重的破坏。可以说，旅游活动在一定程度上加剧了自然生态环境的恶化和污染。

除了对自然生态环境的负面影响，随着大量游客的涌入还加速了自然风化的速度，导致古迹的破坏。更有甚者部分游客对文物古迹的任意刻画、涂抹，尤其是乡村古建筑，对乡村旅游资源在景观价值和吸引力方面会造成严重损失。

4. 经济落后

一般来讲，乡村地区的经济较为落后，由于经济方面的原因对乡村地区的旅游资源造成破坏和损害的例子也越来越多，很多优秀古民居相继消失。从很大程度上来讲，经济因素会从内部瓦解人们对乡村旅游资源的保护意识。除了从外部获得经济补偿而从主观上破坏乡村旅游资源的现象外，还有一些令人惋惜的情况，由于没有经济的保障及当地居民的外出，很多有历史和文化价值的民居没有得到很好的修缮和保护，很多优秀的非物质文化技艺没有新的传承人，而让那些传承数千年的非物质文化遗产濒临失传。

以上所述只是导致乡村旅游资源被破坏和损害的原因的一部分，而非全部。人们应当充分关注这些问题和现象，并有着清醒的认识。为了让乡村旅游资源持续地为我们和我们的后代造福，更好地促进乡村地区的旅游发展，需要采取措施对它们加以保护。

三、乡村旅游资源保护的举措

（一）各地方政府要从宏观角度加强管理

在乡村旅游开发与生态环境保护的过程中，促进二者相互协调发展是一项长期且艰巨的工程，所以各地方政府必须要起到带头作用，从宏观的角度加强对二者的管理力度。

首先，各地方政府要制定乡村旅游开发与生态环境保护协调发展的规划，在规划中促进二者协调发展作为规划开展的首要目标，进而达到相互促进的目的，提高经济效益及生态环境保护意识，将乡村旅游开发落到实处。将乡村旅游纳入有序的管理范围是解决乡村环境问题的基础，所以地方政府在制定乡村旅游景区的开发建设方案时，一定要兼顾资源与环境的有效保护，减少旅游开发中的短视行为。同时，要制定更加严格的乡村旅游项目审批制度，实行乡村旅游经营户的准入制度，实行挂牌经营制度，从源头上控制乡村旅游的开发建设质量，必要时可以与相关责任人直接签订生态保护协议，严格控制景区开发与建设过程中可能出现的空气污染、噪声污染、水源污染和动植物资源破坏等行为，做到防患于未然。

其次，各地方政府要建立健全乡村旅游开发与生态环境保护的法律法规，以此为依据监督、制约并指导乡村旅游开发与生态环境保护工作，对乡村旅游开发与生态环境保护起到良好的保障作用。为此，要充分借鉴国内外乡村旅游发展的成功经验，根据本土情况制定乡村旅游质量标准，以提高旅游管理水平、增强市场开发的规范性。目前，国家已经制定了相关行业管理条例，地方政府要在此基础上制定更加完善的实施细则，对各类生态污染问题加强监管，做到有法可依，执法必严。如地方政府部门要贯彻执行《景观娱乐用水水质标准》《水污染防治法》《森林保护法》，贯彻执行《水污染物排放许可证暂行办法》《河道管理条例》等法律法规，通过更多的法律法规来促进乡村旅游服务活动的规范化、标准化开展。

最后，各地方政府要加大乡村旅游开发与生态环境保护的扶持力度，针对二者的相关工作进行严格的审批、环评及治理策略制定，并进行严格监管，促进生态环境保护工作的顺利开展。如对于生活垃圾的处理，以往农村地区的生活垃圾按传统处理方式是近乎环境自净的方式，但是随着乡村旅游的开发和运营，固体垃圾成倍数增长，就必须采取可行性的处理模式，如在景区（点）设置足够的垃圾箱，实行垃圾集中处理，最好能设分类装置，对固体垃圾要分类处理，然后在远离景区处设立垃圾转运站，有条件的地方可以建设垃圾处理厂和废品回收站，进而提高景区的垃圾处理能力和再利用水平。

（二）旅游部门坚持绿色环保经营理念

在乡村旅游开发与生态环境保护的发展过程中，乡村旅游开发相关单位及景区管理者都与生态环境保护有着密切的联系，所以其必须要将生态环境保护的重担承担起来，针对在乡村旅游开发过程中出现生态环境问题进行合理分析，并制定相关的解决方案，切实解决在乡村旅游开发过程中出现的生态环境问题。另外，旅游部门要始终坚持绿色环保的经营理念，从自身提高对生态环境保护的意识，配合乡村旅游开发相关单位共同开展乡村旅游开发与生态环境保护工作，制定发展循环经济及节能减排的发展策略，进而将绿色环保旅游理念落到实处。

在此过程中，如遇游客破坏生态环境的行为，要及时进行制止，对其讲解绿色环保旅游理念，并密切关注景区客流量，及时对接待大批量游客做好应急准备措施，避免出现问题。在此基础上，乡村旅游开发相关单位要不断挖掘当地旅游景点的民风民俗及文化内涵，在保护生态环境的前提下，提升乡村旅游的知名度，进而促进乡村旅游的有效开发及可持续健康发展。最后，合理限制经济活动，防止游客因旅游过度而造成的生态自然资源消耗，并妥善处理景点内的垃圾及污水，加大乡村公共服务事业的发展力度及生态环境基础建设，按照乡村旅游发展的实际情况及特点进行集中式或分散式处理的方式有效改善并解决生态环境问题，引导并推动具有旅游优势的乡村先达到环境优美的旅游标准，进而推进乡村旅游开发与生态环境保护的发展。

（三）游客自身要提高生态环境保护的意识

在乡村旅游开发与生态环境保护的发展过程中，政府及乡村旅游开发相关单位，在做好乡村旅游开发与生态环境保护协调发展的前期准备工作之后，需要提高游客自身的生态环境保护意识，大力通过电视、广播、电台、网络等形式进行绿色环保旅游理念的宣传，潜移默化在游客脑海中形成生态环境保护意识。游客是乡村旅游开发与生态环境保护的直接参与者，其个人行为对乡村旅游开发与生态环境保护都会带来较大的影响，如果每个人都能成为倡导绿色环保旅游的践行者，那么会推动乡村旅游开发与生态环境保护的发展和前行。

（四）提升乡村旅游从业者的生态环保意识

在乡村旅游产业的生态发展进程中，经营管理者身处一线，无疑也发挥着最为关键的作用。针对乡村旅游从业者很多都是当地村民且生态环保意识相对较弱的实际情况，一方面企业管理者可以面向各层次员工开展相应的宣传教育和培训工作，提高他们的环境保护意识。另一方面，提升乡村旅游从业者的生态环保意识是一个系统工程，不是一朝一夕之功，所以要为乡村旅游从业者营造良好的集体学习环境，建立学习共同体，注重生态环保经验的及时分享，进而让乡村旅游的从业者可以及时地学习最新的发展理念和环保措施，致力于乡村旅游生态环境的不断改善。

总的来说，无论是采取规划手段，还是技术手段来遏制可能导致乡村旅游资源被破坏和损害的原因，关键问题在于在乡村旅游发展过程中相关利益群体能否群策群力，落实保护的决心和承担相应的责任。强化政府管理职能，做好立法监督，严控开发建设，引导政策扶持，同时结合市场手段以利用促保护，实现乡村旅游资源的可持续利用。当然，由于目前乡村旅游的发展阶段问题，如何将保护工作落到实处，将是乡村旅游资源保护工作成功与否的关键。

第三章 乡村旅游的发展内容

第一节 乡村旅游餐饮

伴随着乡村旅游的异军突起,乡村旅游餐饮获得了较快发展,餐饮作为吃、住、行、游、购、娱六要素中的首要要素,其地位不言而喻。特别是随着旅游观念的转变,生活节奏快,经常大鱼大肉的城市游客越加青睐乡村餐饮,乡村旅游餐饮成为乡村历史、文化和生活的重要载体。甚至一些缺少特色景观的乡村仅凭借特色美食而成为人们追捧的旅游地,如北京怀柔、溧阳天目湖、日本的十胜等。在个别乡村,餐饮已经成为乡村旅游发展的重要一极。如今,政府、学界、行业等多个领域对乡村旅游餐饮的关注度不断提高。

乡村旅游餐饮包含三个特性:一是乡村性,即餐饮活动发生在乡村,而非城市;二是旅游性,即消费主体是旅游者,而非一般消费者;三是餐饮性,即消费客体是"吃",而非其他要素。以此为出发点,本节将在理解乡村旅游餐饮作用的基础上,梳理中国乡村旅游餐饮历程,分析阶段演化,并对影响其未来发展的关键因素进行简要归纳。

一、乡村旅游餐饮的作用

随着人们生活条件的不断改善,吃已经不仅是满足人们的生理需求,也成为一种休闲活动,成为丰富生活的象征。尤其是随着自媒体时代的到来,乡村美食成为"晒朋友圈"、专题分享等方式的重要内容,旅游者不仅关注乡村餐中吃的味道,还关注吃的服务、吃的文化、吃的环境等。

正所谓"食在民间",餐饮对于乡村旅游者来说,已经由原来为一种派生性需求逐渐成为乡村旅游者到达旅游目的地的根本性需求,并成为旅游的主要吸引物,对于美食家和偏爱活态文化的旅游者而言更是如此。具体来说,乡村旅游餐饮在发展过程中发挥的作用主要表现在以下三方面。

(一)乡村旅游餐饮是旅游者得以完成旅游活动的基础支撑

班固《汉书》曰:"民以食为天",自古以来,食是人们生活的第一要义。

不管是城市旅游还是乡村旅游,"吃"都是旅游过程的基本需要。尤其对于乡村旅游者来说,从城市到达乡村旅游目的地的时间行程短则半个小时,长则两到三个小时,这样一段时间的行程必然会产生至少一次的乡村餐饮服务需求。此外,乡村旅游活动大多数还是一种较高体力要求的特殊活动,比如爬山、农事体验等,需要较高的能量补充。因此,可以说乡村旅游餐饮是保证游客旅游行程持续进行的基础性支撑要素,乡村旅游餐饮直接影响旅游者对旅游行程满意度的评价。

(二)乡村旅游餐饮对农民收入、旅游经济发展具有带动作用

在过去,我国农业发展以种植业为主,采取的是农牧结合的发展模式,农业经济结构较为单一,技术水平也不够高,因而农业发展很容易受到各种外部环境因素的影响,以至于难以获得稳定的经济效益。目前,我国农村的产业结构也不是很合理,各个产业的发展不均衡,第一产业所占据的比例过大,而第二、第三产业则处于弱势状态,发展速度受到了一定的局限,这就很不利于促进农村经济的发展。党和国家对待农业发展的态度是,要在大力发展种植业这一主业的同时,尽可能地拓展农业发展的渠道和范围,积极寻找新的、有效的营收方式,以优化农业经济结构,促进我国农业的健康可持续发展。旅游业特别是乡村旅游业,属于朝阳产业,发展前景十分光明,同时它作为第三产业的其中一部分,具有很强的综合性,其发展需要集结多个部门和行业的力量,同时也能对各个相关产业的发展起到积极的带动作用。乡村旅游依托的是乡村地区的自然风光和人文景观,其发展离不开当地的物质资料生产,而这也给其他产业提供了十分广阔的需求市场,从而极大地促进了蔬果种植、旅游纪念品加工及交通运输等行业的发展,使农村的产业结构从过去的以农业为主转变成现在的农业和其他产业共同发展,这有利于改善农村第二、第三产业的弱势局面,优化农业经济结构,促进农业经济的良性发展。

截至 2023 年,我国乡村常住人口 47700 万人,在全国人口中所占的比例为 40%左右,并且目前我国农村还有大量的剩余劳动力,如果不对他们进行合理转移,则会在一定程度上阻碍农业经济的发展。乡村旅游作为一个朝阳产业,其中涉及很多相关产业和部门,蕴含着大量的就业机会,因此可以积极利用乡村旅游业的这种就业优势来解决农村剩余劳动力转移困难的问题。农村剩余劳动力出现的原因,一方面是部分农民自身文化水平不高，运用知识能力不足，在其他一些行业中无法找到与自身能力相匹配的岗位，在就业市场上缺乏竞争力；另一方面是因为农民对农村有着天然的依恋，认为只有农村才是他们的家园，他们应该在农村进行工作和生活。并且传统的农业发展主要以种植业为主，经济结构单一，第一产业所占比重大，并没有太多好的岗位，这也在一定程度上阻碍了很多农村劳动力的就业。但随着近年来乡村旅游业的蓬勃兴起，许多相关产业如农副产品和手工艺品的加工、商贸和交通运输等得到了很大的发展，这就为农民提供了相当多的就业机会，他们熟悉农业生产流程，了解自己居住的乡村的历史文化，因此自然地就具有了就业优势。只要经过一定的专业培训，他们就能够进入乡村旅游业及其相关产业的各个所需岗位中，发挥出自己的光和热，在促进乡村旅游业发展的同时，也能给自己带来收入，可谓一举两得。

（三）乡村旅游餐饮有助于提高旅游目的地的吸引力和品牌形象

长期以来，中国的美食和风景名胜、文物古迹已经成为中国旅游业的三大优势。在中国，也有不少乡村凭借着特色美食成为人们追捧的旅游地。随着行游需求内涵和形式的转变，如今的旅游者不再满足于到乡村欣赏田园风光、缓解紧张情绪，而是渴望获得更加真实的乡村生活体验，在异质的乡村文化中寻找乐趣。因此，乡村旅游餐饮逐渐成为了解乡村文化、深入乡村体验最直接、最快捷的途径之一。大部分消费者首选旅游目的地的特色餐饮店，寻找美食成为旅游的一大目的和动力。中国乡村地广人稀，区域跨度大，很多时候同一个乡镇不同村之间因自然地理的隔绝，形成了一套自有的饮食方式，其所具有的地域差异性形成了"靠山吃山，靠水吃水"就地取材的特征。旅游者通过品尝乡村旅游餐饮，让游客在特色食材、饮食习俗、用餐礼仪、饮食典故和用餐环境中深层次体验与探究乡村的独特文化，了解当地的自然环境、历史渊源、生产生活特色、风土人情和宗教信仰等，进而能让游客心情愉悦。美食与迤逦的乡村风光相得益彰，相映成趣，让游客流连忘返。

因此，乡村旅游餐饮在旅游营销中扮演着重要角色，很多地方如袁家村的关中名吃、浙江安吉大溪村的"山里菜"等成为当地品牌等。同时，以乡村美食节为主题的宣传日益丰富，较为知名的乡村美食节有江苏盱眙的"小龙虾节"、阳澄湖的"螃蟹节"等。许多地方政府的宣传网站上也打出乡村旅游美食线路、美食地图、美食套餐。可以说，乡村旅游餐饮正成为旅游目的地的生命力所在。

二、乡村旅游餐饮的演进

当然，乡村旅游餐饮作用的放大与发展演进同乡村旅游活动发展历程有着密切的关系。从世界范围内看，二次工业革命后，世界经济发展一直趋向平稳增长，乡村旅游餐饮发展变化不大，主要依托民宿、休闲农场、庄园等形式而存在，在组织形式上一直没有太明显的阶段划分。从全国范围内看，1980年以前真正意义上的现代乡村旅游餐饮还没有兴起，古代时期的乡村旅游餐饮行为更多的是皇帝狩猎、巡游、体察民情及诗人游历等产生的宫廷膳食、社交访友的乡村饮酒，基本上不存在普通老百姓的出游餐饮行为，也没有形成以经济收入为目的的乡村旅游餐饮接待行为。清末到改革开放之前的这段时间，因政治、战事、经济等因素，乡村旅游餐饮更无从谈起。因此，这里主要着眼于国内改革开放之后的乡村旅游发展，乡村旅游餐饮呈现出鲜明的时代特点和市场特征，可以说，它是一种从初级低水平、廉价到有品质、有文化、有主题的演进历程。国内乡村旅游餐饮的发展大致可以划分为五个阶段。

（一）观光农业伴生阶段

20世纪80年代以来，乡村旅游餐饮首先从服务观光农业开始，当时国家鼓励农业产业结构调整，农业与第三产业融合出现。与此同时，在经济发达城市深圳、上海、广州等发达城市先后搞起一批观光农业园、绿色大棚，城市游客到郊区观光的同时，也会一尝新鲜无公害蔬菜、水果，并进行简单的餐饮活动。可以说，餐饮在此时更多是游客农业观光行为下的产物，餐饮的种类与服务还没有明显提升。

（二）景区旅游伴生阶段

1995年国家实施双休日制度以后，城市游客因平常紧张的工作环境，渴望到大自然、乡村出游，迫切的需要得到心灵的休憩。这个时期人们出游主要集中在一些比较有名的大景区，如泰山、黄山、张家界、天涯海角等，和知名地标的合影也成为当时人们乐意炫耀的物件。在天时地利人和的有利背景下，乡村旅游餐饮随着景区游客的火爆，在景区周边逐渐发展起来，形成功能互补。1998年，浙江省首个发展农家乐的村落湖州市大溪村，因为处于安吉县天荒坪景区，当时的旅游部门开始有意识地发展餐饮接待，并组织旅游团队进驻农家，使经营农户开始尝到了甜头，并纷纷发展。

这个阶段乡村旅游餐饮最大的优势在于物美价廉，当时的游客普遍停留在观光旅游阶段，餐饮不是主要动机与目的，而是一种派生性需求。而乡村旅游餐饮成本极低，主要食材原料自给自足，免去中间运输成本，人力成本低。甚至有的地区如袁家村为休闲餐厅免去了房租，只需交纳部分水电费。凭借成本优势，乡村餐饮迅速得到了旅游者的青睐。

（三）规范及品质发展阶段

随着乡村旅游餐饮需求高涨，乡村旅游餐饮经营者开始扩大规模，增加餐桌和服务人员数量。与此同时，由于经营者只考虑眼前利益，开始抬高餐饮和住宿价格，其设施也开始与宾馆趋同，求大、求全、求高档，服务、收费等出现了不规范现象。2003年上海市颁布实施的《农家乐旅游服务质量等级划分》是我国第一个地方性乡村旅游标准，对农家乐餐饮服务标准作出了要求。2005年，浙江省湖州市长兴县率先出台农家乐管理的系列优惠政策，同时开展农家乐认定、星级评定及精品农家乐示范点建设等重大举措，乡村旅游餐饮服务得以不断升级。到2009年底，我国共有包括四川、浙江、广东、海南等22个省、直辖市制定了乡村旅游或农家乐餐饮的相关规范与标准。2015年，国家旅游局决定开展乡村旅游"百千万品牌"推介行动，即在全国认定推介百家"中国乡村旅游模范村"、千家"中国乡村旅游模范户"、万名"中国乡村旅游致富带头人"，一定程度上促进了中国乡村旅游餐饮的规范与品质发展。

（四）个性化特色发展阶段

伴随着全国农家乐餐饮的大量出现，竞争很激烈，加之游客消费需求不断注重个性化、多元化，如何提高乡村旅游餐饮的核心竞争力成为此时的重点。乡村餐饮在其中开始显现其地域特色价值，并逐渐成为核心角色。许多古村、古镇、民族村寨及地方特色餐饮品牌在这个时候异军突起，通过文化包装，形成了不同的乡村美食特色，乡村旅游餐饮的观光价值、文化体验价值不断凸显。

就餐饮风味特色而言，地域性餐饮标签成为许多乡村的第一特色。如北京怀柔虹鳟鱼一条沟经过多年的发展，美味的标签深入人心；溧阳天目湖的砂锅大鱼头带火了天目湖景区；"一日吃遍陕西"的关中名吃，让咸阳市袁家村成为独树一帜的陕西省旅游新名片。就餐饮做法特色而言，诸多古法炮制的特色得以彰显，如海南省临高县新盈镇的土窑美食，通过烧制泥土高温加热进行烹饪美味,这种看似简单原始的制作方式如今也成了时尚美食。就乡村餐饮礼仪特色而言,内蒙古蒙古包的跳舞表演、云南普者黑苗族山寨拦门酒仪式、浙江湖州"百笋宴""百鱼宴"、湖州市长兴县"上海村"的"八大碗"等,是旅游者体验乡村文化的重要内容。就美食环境特色而言,像小桥流水的农家小院、瓜果飘香的农庄、特色的主题餐厅都会带给城市居民别样的感受。

(五)品牌化输出发展阶段

伴随着乡村旅游餐饮主题化的发展,乡村美食集聚效应开始发挥作用,以美食街区为核心,开始逐渐成为游客的主要旅游目的地,并逐渐配套发展商业娱乐、住宿、度假别墅等,形成特色乡村旅游目的地。陕西省咸阳市礼泉县的袁家村的关中第一美食品牌,发挥集聚效应,与西安市内著名的小吃一条街分庭抗礼。随着乡村旅游餐饮的品牌价值的倍增,资本价值的不断扩大,乡村旅游餐饮将成为投资的新方向,品牌连锁输出也会是未来的重要发展路径。

三、影响乡村旅游餐饮成功的关键因素

综合乡村旅游餐饮的发展阶段,乡村旅游餐饮不断发展的根本原因在于迎合了旅游者的需求变化。无论未来是资本化时代还是品牌化时代,乡村旅游餐饮最核心的吸引还是在于原汁原味、环境氛围及乡土文化的体现,只有这样才能保持长期的吸引力。

(一)原汁原味的绿色本底

随着生活节奏加快,快餐增多,长期生活在城市里的人们,对原材料新鲜、卫生、口味纯正自然的农家餐饮一直心向往之,游客们从附近城市赶来农村,为的就是品尝到乡村的味道。这意味着,乡村旅游餐饮必须在食物的"乡村味道"上下功夫。此外,与城市餐饮不同,乡村旅游餐饮由于其原生态、近自然的生产生活氛围,允许旅游者参与到乡村旅游餐饮活动中来,游客可以边采摘,边制作,了解餐饮生产过程,这也成为未来乡村旅游餐饮的一个重点方向。

(二)环境氛围的利用与营造

乡村旅游餐饮不仅在口味,更在于其开放式的环境,自然环境与乡村

餐饮为一体。游客美食消费所追求的不仅是感官刺激，更能在自然舒适的环境中舒缓压力，并找回新的生活憧憬。因此，乡村旅游餐饮产品不能只是为"食"而"制"，更要以"食"而"解"，学会利用乡村自然大环境，培育情境化的美食餐厅，如采摘篱园、稻田里的餐厅、果园里的餐厅，用一种乡土建筑环境、乡土自然环境构筑一场美味的美食体验。此外，小环境的营造也很重要，如每一家店铺店面的传统老物件、摆设，或是如艺术文化的创意装饰表达，皆构筑一场美味的美食体验。

（三）特色文化的挖掘与融入

乡土文化是本乡本土发端流行并长期积淀发展起来的带有浓郁当地特色的文化，是打造乡村旅游、助力乡村振兴的基础资源，必须善加利用。乡村保持着很好的乡土文化基础，拥有制作地方美食的传统食材和烹饪工艺，成为乡村地区打造地方特色招牌菜的"撒手锏"。很多地方结合文化特色打造主题餐饮，如荷花宴、荞麦宴等主题农家宴纷纷涌入人们的视野。

第二节　乡村旅游住宿

在逆城市化现象出现及不断加速的背景下，乡村旅游目的地成为人们出游的重要选择。尤其是随着家庭游客群体的壮大，旅游出行不再仅是观光一日游行为，休闲度假需求呼之欲出并日益强烈，为乡村旅游住宿提供了广阔的市场空间。乡村旅游住宿业态的规模和品质成为衡量乡村旅游目的地发展状况的重要标志。由此，住宿业在乡村旅游发展中的作用越发凸显。

乡村旅游住宿是旅游者在旅行游览活动中必不可少的"驿站"。人们对于乡村旅游住宿有着不同的称谓，如农家乐、民宿客栈、度假村、乡村酒店、背包客旅馆、家庭旅馆等。这些称谓是在乡村旅游发展不同时期，为了满足旅游者不同需求偏好而独立或并行出现的乡村住宿形式。

一、乡村旅游住宿的演进

无论国际还是国内，在古代时期并不存在乡村住宿，人们出行往往是就近就便寻找食宿地，称为"借宿"。但随着社会生产的发展，尤其是简单商品经济的发展，商业贸易活动在一些国家和地区越来越频繁，出现了一些专门通商的商队，于是在商队的必经之路出现了乡村专门提供商队食宿的场所，这种场所被称为乡村客栈。在古希腊时期，雅典出现了供人们集会和住宿的公共设施"卡烈斯"。古罗马时期几乎所有的商路上都有这种场所，并且为官方所办。

我国商朝时期也出现了这种官办的乡村驿站。这时的驿站或客栈条件较差，规模较小，设施简陋，除满足投宿者吃饭、睡觉等基本需求外，不提供其他服务，这点从《龙门客栈》等代表性的影视剧中也可以侧面得知，当时的旅客一般是商客，或者文人墨客，没有发展为大众性的住宿形式。

可以说，早期的乡村住宿群体不是出于乡村旅游的目的，后来随着人们旅游活动的发展，乡村旅游住宿逐渐发展起来，并在业态形式、经营群体等方面出现不同阶段的变化。纵览世界乡村旅游发展进程，以经营主体与服务主体为切入点，乡村旅游住宿发展大致有以下三个阶段的划分。

（一）专属经营萌发阶段

综合国际国内的情况来看，最早具有旅游意义的乡村住宿是从庄园、乡村别墅、行宫别苑、疗养度假村等典型代表形式开始出现的。

就世界范围而言，随着11世纪以英国为代表的圈地运动、庄园经济的兴起，前往乡村庄园进行社交、狩猎等贵族活动现象出现，以庄园作为第二居所是当时比较流行的度假方式。18世纪法国贵族式的农村休闲度假也开始兴起，当时欧洲贵族闲暇时到乡村别墅进行定点度假旅游，体验平民化的农家生活和田园化的乡村景观。后来，随着工业化进程的加速，新型资本家崛起，贵族衰落，庄园、别墅也成为新型贵族群体进行乡村社交度假的主要场所。

就我国情况而言，从秦汉时期之后，社会经济兴盛，兴建的离宫别苑绝大部分位于乡村地区，只供帝王、诸侯度假避暑享乐之用，整个封建时期乡村旅游住宿大多以这种形式存在。直到中华人民共和国成立后，一批现代疗养型度假村出现，如北戴河、杭州、陕西临潼、广东省从化市等疗养胜地，安徽黄山、江西庐山等名山大川也开始修建疗养院，一般不对外开放，属于政府经营。

从以上可以看出，这个阶段的乡村旅游住宿最突出的特点是其服务群体的特殊性，高端化、专属化特征明显。这种意义上的乡村旅游住宿对于当时的一般民众而言不具有普及性，也因此没有大规模地发展起来。随着后期城市游客大量住宿需求的兴起，才出现了民众参与的乡村旅游住宿。

（二）个体经营扩张阶段

随着国家乡村振兴战略的加强、市场需求的增加、农民自由劳动力的解放，这个时期个体经营的乡村旅游住宿自发产生并不断扩张，主要以农家院、家庭旅馆、农庄、市民农园等为典型代表，国际国内发展的具体情况各有不同。

从世界来看，19世纪中叶后，有钱有闲并有回归田园需求的城市中产阶级市场群体壮大，与此同时，农业机械化发展提高了务农人员的生产效率，使他们有更多的时间去从事其他工作。欧洲国家相继开始鼓励农民自营农家院，加之交通铁路及旅行社的出现，助推了农民加入乡村旅游发展中来。19世纪末20世纪初，德国首先出现农民改造旧有住宅设施成为度假客房。1951年法国第一个农家院出现之后，其乡村住宿逐渐发展为独院出租型、客房出租型、亲子型农家院、农家露营地、简易团体型农家院这五种类型。之后乡村旅游住宿在欧美甚至亚洲国家开始全面兴起，像英国的B&B（Bed and Breakfast）、新西兰农场、日本农业体验式民宿、我国台湾民宿等得到迅速发展，其中日本民宿在发展鼎盛期，曾多达2万多家。虽然各个国家都有不同的住宿形式，但大体上存在两种发展方向，一种是住宿业态纵向拓展，如依托农场，拓展农业体验，住宿为配套业务，或者在住宿基础上开发其他业态，住宿是主营业务；另一种方向是与区域内其他产品如采摘园、餐馆结合，互相推荐，横向整合共同开发。

从我国情况来看，改革开放后，国家鼓励农业经营方式调整，随着农业统购派购制度的取消，农民开始依托农业开展多种经营。在此背景下，中国农家乐旅游发源地——成都郫县农科村农家乐诞生，并逐渐发展为花园观光园林式的综合接待服务区。此外，在当时的住宿也是依托观光农业采摘节如深圳的荔枝节发展而来。随着1995年国家推行双休日制度之后，乡村旅游住宿在我国自然风光优美的乡村地区发展得尤为迅速，此时的乡村住宿主要作为城市居民周末景区游的配套服务。此后的很长一段时间，乡村住宿依托森林、渔业、民俗文化等发展出不同形式的业态，如森林人家、渔家乐、民俗农家乐等，并展开以住宿接待为主的其他业态的开发，包括采摘、农事体验、垂钓、田园观光等。

综合来看，这个阶段乡村旅游住宿的主要特点是经营主体的农民性（虽然也有投资者经营，但多数是农民自营）、经营空间的农家性（利用自家院落）、经营内容的农耕文化性（提供具有浓郁乡土气息的住宿及餐饮等服务）。

（三）多元经营升级阶段

伴随着个体经营住宿数量的大规模扩张，乡村住宿逐渐出现供给过剩的情况，单一的供给形式已经不能满足人们日益升级的消费需求。尤其是全球休闲度假旅游时代的崛起，使乡村旅游住宿业的多元化逐渐成为旅游目的地的核心竞争力。

20世纪中期后，世界经济高速增长，欧美国家自由主义经济思潮盛行，英国、西班牙等国家开始出现私人经营的住宿业态。而由于市场竞争激烈、投资出现过剩，20世纪80年代的日本大型企业开始重新盘整资源，建设大量度假村，导致以农民为主体的民宿回落。此时，户外露营地、休闲农场、分时度假公寓、家庭旅馆等全面开花，并不断向高品质发展。

乡村旅游住宿在中国的多元化发展尤其明显，2009年以后，旅游业发展迎来高潮，旅游住宿市场竞争激烈，此时乡村住宿开始在主题化、个性化等方面有所突破。在经营主体上，出现以外来企业资本、个体经营、政府主导经营、混合经营等多种形式的乡村住宿。外来资本的进入有力助推了乡村住宿业态的多元化，各种主题度假村、民俗村、主题度假客栈、品牌连锁酒店等如雨后春笋般出现，并不断拓展休闲度假、商务会展、康养等新兴业态。一批针对国际游客的国际驿站开始出现，如浙江省湖州市的裸心谷、法国山居、阳朔民宿等，有力促进了乡村旅游住宿的升级换代。

值得注意的是，这个阶段我国出现了"民宿"这一新兴产品，并随着创客返乡和投资狂潮掀开了乡创乡建新热潮。以文创和跨界为特征的新农村建设理念，革新了乡村旅游的开发逻辑，地域文化得以传承，乡村活力得以释放。各路资本注入，社会的财富和一部分资源正从城市向乡村转移，品牌、连锁运营模式助推民宿品质高端化发展。据统计，截至2019年底，全国民宿客栈产业规模已达200亿元，袁家村生活客栈、乌镇客栈、花间堂民宿等精品民宿成为新宠。

二、乡村旅游住宿的类型

根据实际工作的需要，人们有时会对乡村旅游住宿进行类别划分，对于乡村住宿的划分并不存在绝对统一的依据或标准，尤其是随着新业态的层出不穷，更加难以清楚地分类。综合整理人们对有关乡村旅游住宿类型的称谓，我们可以从不同的维度对乡村旅游住宿类型进行划分：

根据乡村旅游住宿的档次划分：大众型的乡野民宿（农家乐）、经济型客栈、休闲度假村、乡村精品民宿或度假酒店。

按照乡村旅游住宿经营主体的不同划分：农民主导型、政府主导型、企业主导型、混合型。

按照乡村旅游住宿的功能特色划分：度假型酒店、汽车露营基地、家庭旅馆、国际驿站。

按照星级评定标准划分：一般来说，国际国内都采取星级评定标准，国际上以1星级至6星级的划分居多，国内一般从1星级到5星级不等，同时，我国各省市地方标准分别有地区特色，如海南省的椰级评定标准。

这里特别需要指出的是，根据依托资源不同，还可将乡村旅游住宿划分为：自然环境依托型，主要指依托原生的山地、湖泊、草原、田野等乡村环境开发的旅游住宿类型，如依托山地竹林的湖州市德清县乡村精品民宿后坞生活；乡土文化依托型，以农村聚落、村庄、农民民俗生活文化为依托，如中国蒙古包、日本合掌屋；农业生产依托型，主要指依托乡村的生产活动、产业，融合生活方式，形成如牧场、农场、花园、酒庄、船坊等住宿，如三亚玫瑰产业庄园、爱丁堡葡萄酒庄园。

事实上，在乡村旅游住宿发展过程中，任何一种都并非单纯属于"某一类"，划分类型的意义在于指导不同业态的实践。从住宿档次划分，有利于实现对住宿经营规模、层次的定位；从经营主体划分，有助于了解经营模式；从功能划分，有助于定位市场需求；以星级标准划分，有助于指导住宿质量管理；从吸引力划分，则为住宿选址、创意策划提供借鉴。无论如何，对乡村旅游住宿进行分类只不过是为达到某一目的而采用的一种手段，而非工作目的本身。

三、乡村旅游住宿的质量管理

不同于城市或者发展成熟的旅游目的地，乡村旅游住宿存在的从业人口素质低、学历水平低、自律意识不强等问题，且乡村旅游经营者散布广泛，这些问题大大增加了行业监管难度，相对粗放的管理模式已难以满足旅游者不断变化的需求。因此，乡村旅游住宿的质量管理在国际国内都引起了各界的注意，尤其是政府在标准化、等级评定方面发挥了重大作用。

(一)国外乡村旅游住宿质量管理

质量认证制度的全面推行。欧洲各国政府一直在实施对乡村旅游的有效管理,如德国、法国政府部门对农场旅游实行质量认证和管理等。德国农业协会为保障游客的合法权益,在1972年建立了乡村旅游质量认证和考核制度,农场质量标准化认证是这一制度的核心,其通过登记认证凡合格者颁发认证标识,并由经济部、财政部等负责推行度假农场的后续认证工作。部分国家在乡村旅游法律法规建设方面的发展更为严格,西班牙、意大利、法国、爱尔兰、罗马尼亚、德国等都制定了乡村旅游法或行业标准,在西班牙,每一个地区政府都有乡村旅游方面的立法。

行业协会的自律管理明显。国外尤其是欧洲乡村旅游管理的一个重要特点就是政府少量干预和行业协会等专业组织的自律管理相结合。最有代表性的当属法国的乡居,意思是"将农民房屋租给游客使用"。1955年,在法国农林部和观光部的资助扶持下,成立了法国乡居联合会,以及95个省级乡居联合会,雇佣员工600余名。1983年,在政府支持下,英国成立了农家度假协会(Farm Holiday Bureau),给"各自为战"的农家院提供组织化保障,设计统一的宣传口号"停留在农家(Stay on a Farm)"及品牌。可以说乡村旅游协会在乡村住宿发展过程中发挥了非常大的作用。

总结国外乡村旅游住宿管理经验我们不难发现,在国外乡村旅游发展比较成熟的地区,通常都会设立统一管理的协会,或者将乡村旅游住宿的行业标准、法规列入国家立法当中,以此形成强有效的管理机构和制约体系。政府在其中更多扮演的是少量干预的角色,提供制度保障和财政支持。

(二)我国乡村旅游住宿的标准管理

我国乡村旅游住宿的标准可以说大致经历了两个阶段。

1. 规范起步期

乡村旅游发展较早的地区为顺应乡村旅游发展,引导乡村旅游进行环境生态建设,提高软硬件水平,并进一步促进地方乡村旅游规模发展而制定一系列规范和标准,是后来各地乃至全国制定乡村旅游规范的基础。这一现象主要集中在北京、上海、浙江等城市依托型乡村旅游发展较好的地区。2003年,上海市颁布实施《农家乐旅游服务质量等级划分》,是我国第一个地方性乡村旅游标准,将"农家乐"旅游服务质量由高到低分为三星级、二星级、一星级三个等级,并从基本条件、住宿、餐饮、活动项目和组织管理 5 个方面提出要求。2005 年浙江相继颁布实施《浙江省省级农家乐特色村认定办法》《浙江省民宿管理办法》。这一阶段制定的规范，大多是乡村旅游接待点的等级评定标准，多从硬件条件方面进行规定，以保障接待点的基本设施条件，并划分星级为游客选择设施服务提供依据。2007 年商务部颁布《农家乐经营服务规范》，规定了农家乐的术语和定义、经营服务基本要求、等级条件和评定管理原则。

2. 发展成熟期

2007 年商务部制定的《农家乐经营服务规范》为各地结合自身特点制定地方标准提供了依据。地方标准制定不论从规范数量还是涉及地区都达到了一个高潮，且规范的视角大都扩大到整村级别。同时，随着乡村旅游设施条件的改善，产品、特色和服务的重要性逐渐提升。规范内容除了原有的评比标准以外，还有专门为提高乡村旅游服务而制定的服务规范。北京市旅游局 2009 年发布的《乡村旅游特色业态标准及评定》将乡村酒店界定为依托乡村自然人文风景、民俗民风，为国内外游客提供乡村住宿、餐饮、娱乐度假等功能的独立旅游住宿经营主体。2015 年国家旅游局印发《开展创建"金牌农家乐"、打造乡村旅游升级版的通知》提出为促进乡村旅游转型升级，推万家"金牌农家乐"，有效促进了地方乡村旅游住宿规范化管理。2014 年，浙江省湖州市质监、旅游、农业和林业 4 个部门联合出台了《湖州市乡村旅游示范农家（湖州人家）认定办法、湖州市乡村旅游示范农庄（湖州人家）认定办法、湖州市乡村旅游示范村认定办法、湖州市乡村旅游集聚区认定办法》，2015 年出台了《湖州市乡村民宿管理办法(试行)》。2017 年 4 月贵州省质监局、贵州省旅发委联合发布《贵州省乡村旅游村寨建设与管理标准》《贵州省乡村旅游经营户服务质量等级划分与评定标准》和《贵州省乡村旅游客栈建设与管理标准》3 个地方标准，从基础设施、餐饮服务、安全服务、卫生环保等不同方面对乡村旅游住宿管理进行评级管理，以高标准引领百姓富、生态美的新发展。

随着全国各地乡村旅游住宿相关评定标准和管理办法的颁布，乡村旅游住宿在注重地方性经营特色的同时逐步在设施建设维护、服务管理上形成了一定的通用标准，推动了《乡村民宿服务质量规范》的出台。

2020 年 9 月 29 日，由中华人民共和国国家市场监督管理总局、中华人民共和国国家标准化管理委员会发布的国家标准《乡村民宿服务质量规范》（GB/T 39000-2020）开始实施，规定了乡村民宿的术语和定义、基本要求、设施设备、安全管理、环境卫生、服务要求、持续改进。

第三节 乡村旅游交通

在旅游六要素中，旅游交通和旅游住宿、旅行社业是旅游业的三大支柱，交通运输是旅游者得以完成旅游活动的先决技术条件。没有"行"也就没有乡村旅游，交通通达深度、交通基础设施的完善程度、交通服务质量是决定乡村旅游业发展的前提条件。交通条件的改善，不仅使旅游业从中受益，还可以带动乡村农业和工业等其他产业的发展。与此同时，伴随着科学技术的发展、市场消费需求的个性化、体验化，乡村旅游交通也不断凸显其产品的体验性、形式的多元化等特点，甚至成为一种特定的旅游吸引物。

一、乡村旅游交通的概念与分类

（一）乡村旅游交通的概念

在国内外的乡村旅游研究中，"乡村旅游交通"是人们长期以来约定俗成的一个惯用表述，不论是在业界、学界，似乎皆无"乡村旅游交通"这一用语，比较常用的是"旅游交通"或"交通运输"。

参考李天元的《旅游学概论（第七版）》中对旅游交通的定义，我们这里提到的"乡村旅游交通"具体指以乡村为旅游目的地，旅游者通过某种交通手段或旅行方式，实现从一个地点到达另外一个地点的空间转移过程。它既是乡村旅游爱好者抵达乡村旅游目的地的手段，也是在旅游目的地之内进行活动来往的手段。其主要是为了满足乡村旅游者的需要，使乡村旅游者实现快速、舒适的"移动"，同时满足乡村旅游者休闲、观赏、猎奇等寻求愉悦的需要，而这些需要与使用一般交通的乘客只实现空间转移的需要有所不同。

（二）乡村旅游交通的分类

随着交通运输业技术的不断进步和旅游者空间行为以及消费需求的不断变化，乡村旅游交通由最初的简单承担通达功能的公路逐渐演变成为兼顾交通通达功能和体验功能的多种类型并存的形态。

1. 按构成要素进行分类

理论上，研究乡村旅游交通的分类，首先要明确构成乡村旅游交通体系的要素有哪些。从乡村旅游交通构成要素角度大致可以分为以下三类。

第一，乡村旅游交通线路可分为人工修筑线路和自然形成线路。人工修筑线路包括乡村旅游公路、乡村旅游铁路专线、旅游索道等。自然形成线路包括乡间小路、旅游内河与湖泊游览线路、低空飞行体验线路等。一般而言，人工修筑的乡村旅游交通线路成本较高，线路建设规范要求严格，旅游者按照规划预先设定的观光线路开展乡村旅游体验活动；自然形成的线路耗资相对要少，对于项目的设计没有明确的要求，旅游者可以根据个人喜好进入乡村旅游活动体验。

第二，乡村旅游交通运载工具，主要包括现代旅游交通运载工具、传统旅游交通运载工具和特殊旅游交通运载工具。其中，现代旅游交通运载工具包括汽车、观光专线大巴、观光电瓶车、环保自行车、电瓶车、观光小火车、水上皮艇等。传统旅游交通运载工具包括人力车、轿子、溜索、竹筏、羊皮筏等。特殊旅游交通运载工具有观光缆车、热气球、滑翔伞、游船画舫等。现代旅游交通工具是目前乡村旅游目的地活动中的主要运送工具，而传统旅游交通工具和特殊旅游交通工具主要用于丰富乡村旅游体验活动的类型。

第三，乡村旅游交通驿站，这是旅游交通运送节点，旅游者的集散地。根据不同的运输方式和旅游消费需求，乡村旅游交通港站可分为停车场、自行车租赁站、泊船码头、低空飞行体验基地等，浙江省湖州市安吉县已经出现一批要素齐全的乡村交通驿站，也称"旅游驿站"。

2. 按空间尺度和旅行过程进行分类

实际上，旅游出行活动的组织中，区分不同的乡村旅游交通类型，往往更依赖于旅游者居住地到乡村旅游目的地的距离和在旅行过程中所采用的交通方式和工具。按照乡村旅游的空间尺度和旅行过程，大致可以分为以下三类。

第一，外部交通，是指从旅游客源地到乡村旅游目的地所依托的中心城市之间的交通方式和等级，其空间尺度跨国或跨省，交通方式主要有航空、铁路和高速公路。外部大交通是乡村旅游兴起和发展的前提条件，涉及外部进入性问题，甚至说是乡村区域旅游发展的命脉。即使乡村旅游资源再丰富，如果大交通少或没有跟上，也很难在乡村旅游者的规模上实现突破。如海南外部交通主要依靠三亚凤凰和海口美兰两大国际机场，每年的游客吞吐量有限，影响了外省来海南乡村旅游的游客规模。与之相反，袁家村虽然规模小，但交通发达，高速、高铁皆通达，且距离咸阳机场仅半个小时左右车程，交通的便利化为袁家村旅游发展带来了巨大效益，一个仅为300多亩的民俗村却能每年吸引游客300万人次左右。

第二，中间交通，涉及中小尺度的空间，指从旅游中心城市到乡村旅游点之间的交通方式和等级，交通方式主要有铁路、公路和水路交通。尤其是公共交通汽车的普及化、班车化发展，如北京很多郊区乡村旅游都有便利的公交达到，从东直门枢纽站到怀柔、门头沟、平谷等郊区的快速交通线路班车每天平均半个小时就有一次班车。旅游汽车的发展也在某些地区形成了汽车旅游圈，如我国长三角地区以上海为中心，半径约400公里的沪宁杭地区，以旅游汽车为主要交通工具乡村旅游发展迅速，各地之间开通一站式旅游直通车，有10多条跨省市旅游专线供游客选择。

另外，自驾游也是很多乡村旅游者心目中的出行方式，成为中短途交通中的重要出行方式。在被称为"车轮上的国家"美国，自驾车旅行是乡村旅游业中不可或缺的重要组成部分，79%的美国乡村旅游使用小汽车、皮卡车、房车，或租赁的小汽车。在我国，近年来私人汽车的数量实现了飞跃，截至2016年，全国私人汽车保有数量已经达到1.65亿辆，私家车作为出行的交通工具日益普及。乡村旅游因此很大程度上受益于周边大城市客群自驾游活动的发展。而自驾车出游过程中，为满足自驾车游客在出行中的各类需求，带动了系列相关产业（如汽车租赁、房车、汽车俱乐部）的发展。

第三，内部交通，指乡村旅游目的地内部的交通，基本是景点间的短距离空间位移。内部交通相对复杂，视乡村旅游目的地规模的大小、区域内地形变化的幅度、景点间的距离，以及旅游活动的特色而异。

这种交通一般可以分为两种形式，第一种是连接乡村旅游点与景区或点与点之间的串联交通，更多的作用在于串联、盘活全域资源，如绿道交通。第二种是乡村旅游目的地内部的体验性、观光性的特种交通工具，如观光巴士、游船、低空飞行等，如游客进入乡村景区一般需换乘观光巴士，在游览过程中，游客可在需要的站点随时上下车，观光巴士上设有随车讲解员，极大地便利了乡村旅游者的游览。这种交通工具逐渐发展为一种乡村体验项目，如游览丽江—拉市海茶马古道时，游客可以边骑马边领略底蕴深厚的茶马古道马帮文化及欣赏优美的自然风光。

二、乡村旅游主要内部交通方式

上文提到，乡村旅游的内部交通工具主要有两种，一种是绿道代表的串联型的交通；一种是体验性、观光性的特种交通，它们对于乡村旅游目的地的资源盘活串联、目的地吸引力的提高、产品体验性增强、经营收入的增加等方面，具有重要作用，因此，在下文中将对这类交通做详细说明。

（一）绿道串联交通

绿道是指以自然要素为基础，以自然人文景观和休闲设施为串联节点，由慢行系统、服务设施等组成的绿色开敞空间廊道系统。我国的绿道思想起源于公元前1 000多年的周代，当时主要是指道路绿化。隋唐的京杭大运河两岸、南宋西湖十景中的"苏堤春晓"、秦始皇时期经过8次行道树种植和改造的剑门古蜀道、兴于唐宋盛于明清的茶马古道等都是我国早期"绿道"的实例。西方国家的绿道思想则起源于16世纪，最初只是用于野生动物通行的廊道，后经历了景观轴线、林荫大道、早期的绿带、公园路、绿道及绿道网络等数百年的演变与发展。总体上看，20世纪以前的绿道以串联城市公园、国家公园为主，20世纪初至90年代注重景观、生态等方面的开放空间规划，第三个阶段则是全球化背景下绿道的基础理论研讨和建设热潮兴起的过程。

绿道交通在乡村旅游目的地中发展中尤其重要，在盘活乡村分散的资源、提升休闲功能、延长服务链条发展方面发挥了重要作用。

一是串联盘活乡村资源。绿道是串联乡村自然空间、郊野公园、乡村、小镇等的绿色线性空间。乡村旅游资源点之间分布往往不集中，容易形成单打独斗的局面，这对于本来就相对闭塞的乡村旅游区域来说发展不利，因此，绿道发挥的串联作用尤为明显。可以说，国内外乡村绿道发展已经成为普遍性选择。海南省琼海绿道也是一个典型案例，它以绿道为串联，利用邻近乡村资源，联合打造形成了博鳌乡村公园，在原有自然景观和田园风光的基础上，将毗邻博鳌镇的朝烈、美雅、岭头、南强、大路坡共5个自然村的村庄，进行整合规划、连片开发，将乡村公园周边的乡村、鱼塘、河道、槟榔园、椰子林等要素串联起来，形成了不同主题的绿道。

二是增强乡村休闲体验功能。绿道系统与滨河、森林生态、农业观光体验等旅游设施可以实现同步建设，比如海南气候温暖、阳光强烈的特点，结合"遮荫绿廊"功能建设绿道系统，重点采用了榕树、椰子树等树冠较大且具有海南特色的树种来绿化道路，为游客烈日下的休闲提供条件。同时，绿道的发展还带动了乡村记忆墙等休闲体验点的开发建设，为游人呈现出一幅幅世外桃源式的田园画卷。

三是延长乡村旅游配套服务链条。绿道的发展能够带动相关服务业发展，其本身就是一种慢旅游出行方式，游客在游行过程中会产生休闲休憩或节点服务需求，因此，带动了自行车驿站、服务驿站等的出现，并以此为节点，推进了沿线标识系统、景观绿化、安全防护设施、电力、电信、给排水、环卫等服务的配套。进一步说，为当地农民提供了就业机会，促进乡村经济的发展。

（二）特种体验交通

随着乡村旅游业的快速发展，旅游者的消费需求不断增多，旅游者已经不仅仅满足于交通便捷、舒适，更注重旅行过程中的体验和猎奇。从乡村旅游交通的休闲功能角度看，其不仅是连通内外的桥梁，更是一种体验方式。从空间的角度来看，大致可以分为三种类型：

1. 陆上体验交通

陆上交通体验项目在众多类型的交通体验类项目中的发展最早，目前也是从交通工具到组织管理最完善的一种交通体验形式。在乡村旅游目的地内部交通已经出现的形式包括发展观光巴士、观光摩的、风采车、观光电瓶车、观光缆车、环保自行车、电瓶车、观光小火车等。一般陆上交通主要作为一种农业观光的方式，如日本富田农场为增添游趣，节假日期间增设名为"富良野美瑛"号观光小火车，车厢采用怀旧设计木制座椅配有无敌大窗观赏景色一流，非常值得一坐。

2. 水上体验交通

在滨海、滨河湖等自然条件的乡村，可以选择发展水上摩托艇、香蕉船、水上沙发、游船等特色交通工具。很多江南水乡的乡村旅游适合水上划船，能够让游客迅速融入地域生活方式中。如乌镇以乌篷船作为主要交通工具，恢复水上集市等以前的水乡生活形式。这样的交通一般要做好码头的配置，其他还有一些湖泊游船、竹筏、快艇等也是比较好的体验方式。

3. 空中体验交通

空中交通因涉及规范、人才问题是目前发展较少的交通形式，但在国外很多乡村旅游中发展得较为成熟，以热气球、滑翔伞、动力三角翼、动力滑翔伞等最为常见。

乡村旅游因其地理跨度大，花海、稻田、梯田等大地景观壮美，空中交通是一种观光欣赏的重要方式，未来我国乡村旅游发展条件较好的地方可以加强此方面的开发。

二、乡村旅游交通开发的关键因素

通过以上对乡村旅游交通的分析，我们总结出当前阶段下需要关注的几个重点问题：

（一）交通组织的可进入性

可进入性是指利用特定的交通系统，从某一区位到达指定活动区位的便捷程度。交通的最基本特征就是交通具有可达性，它是连接旅游集散地和乡村旅游目的地的重要途径。交通组织的可进入性对于乡村旅游的产业发展、项目空间划分、公共服务设施、土地利用等都有着重要影响。因此，要做好用于沟通乡村旅游景点至外部城镇或连通该地区干线、支线公路的建设，它是吸引游客进入乡村旅游基础。有些乡村旅游发展较好的地方甚至与客源地直接建立交通联系，如浙江湖州长兴县水口乡的"顾渚村"，联合县运管部门组成了具有营运资质的农家乐旅游车队，为上海、杭州等地游客提供上门接送服务，为当地乡村旅游客源的输送提供了很好的渠道。

（二）交通建设的规范性

在交通道路的建设过程中需要尤其注意道路的规范性、合理性和细枝末节的连通性，形成为旅游和生活服务的乡村交通网络。还要做好乡村旅游的道路设计管理，如停车场数量是否满足客流量，人行道与车行道如何分开，各村各景点的巴士如何接驳，自驾车流如何引导等，综合考虑近期、中长期乡村旅游的游客数量及出游方式。

2004年交通运输部为加强农村公路建设的技术指导，确保建设质量，提高投资效益，根据《公路工程技术标准》，结合农村公路建设实际，制定《农村公路建设标准指导意见》，到2016年住建部印发《绿道规划设计导则》，中国的乡村旅游交通发展正逐步走向规范化。如在绿道标识方面，上海的绿化部门为绿道配置了统一的标识（LOGO），提高绿道的辨识度和专业性。

(三)交通开发的体验性

交通的体验性开发越来越成为一种趋向,结合乡村旅游的本底资源和本地文化,一方面,需要注重线路的体验性设计,路线策划的体验性对于增强乡村旅游的趣味性,延长旅游活动时间,促进消费需求有着积极的引导作用。除此之外,还应注意工具的体验化、设施的体验化,因地制宜地扩展诸如索道、游船、滑竿、骑马等体验性活动项目,增加共享单车等类型的交通工具。对于这些具有休闲体验性质的乡村交通,同时目前面临的很大问题是后期的运营,运营的费用从何而来,由谁来运营,怎么进行盈利反哺,如何带动周边致富等都需要进行深入探讨。

第四节 乡村旅游观光

长期以来,我国的传统旅游观光市场以具有代表性的大山大水、历史文物遗产等"重量级"资源观光为主,直至现在,旅游观光也是大部分假日游客的首要选择。乡村旅游观光似乎在其中发挥的作用不甚明显,更多是传统旅游观光下的重要补充形式。

伴随着乡村休闲度假市场的繁荣与崛起,传统的旅游观光产品,对相当一部分崇尚自由、以追求休闲度假为主要目的地的游客的吸引力正在减弱。乡村旅游观光因其既保持了原始风貌,又有浓厚的乡土风情,其贴近自然、返璞归真及人与自然和谐共处的特点,成为乡村休闲体验的重要内容,乡村观光产品的开发也逐渐受到很多经营者的关心和重视。

一、乡村旅游观光的界定

(一)乡村旅游观光的概念

我国的"观光"一词,最早出现于两千多年前《易经》中的"观国之光,利于宾王"。意为巡游其他地区,以扩大见闻,了解实情。长期以来,旅游观光一直是我国历史最悠久、产品最丰富和成熟、市场占有份额最高的旅游形式。直到今天,旅游观光仍受到众多旅游者的欢迎和喜爱。旅游观光是人类萌生旅游动机的第一选择,它给予人的刺激最直观、最深刻,最容易被各层次人所接受,也是开展其他旅游项目的基础。本书认为,旅游观光主要指旅游者以游览欣赏为主要目的,通过欣赏异地他乡的自然风光、文物古迹、民俗风情等，得到美的享受、获得愉悦和休闲的一种旅游形式。旅游者仅仅是参观者，以视觉去看待、欣赏旅游地所呈现出来的场景，持续时间一般较短，突出特点是场景带给游客的视觉冲击。简单来说，也可以这么认为，这里的旅游观光更多是一种传统意义上的景区观光行为。

随着乡村旅游受到游客的青睐，乡村旅游观光也越来越成为一种旅游观光种类，与一般的旅游观光有所不同，乡村旅游观光则是将观光游览活动的范围限定在乡村地区，通过欣赏乡村的绿水青山、田园风光、乡土文化的外在体现等内容，使旅游者获得与城市生活有所不同的审美体验和心灵放松。

（二）乡村旅游观光与传统旅游观光的区别

从以上定义，我们不难看出，乡村旅游观光与传统意义上的旅游观光的区别主要在乡村环境，而环境的差异直接造成了两者的本质区别，为便于我们了解乡村旅游观光的地位以及指导未来的开发运营，我们主要从以下三个方面的区别进行阐述。

一是旅游动机的区别。李天元在《旅游学概论》一书中讲道，对于一个旅游目的地来说，旅游景点作为该地旅游资源中的精华，在该地整体旅游产品供给中处于中心地位。也可以说，旅游景点观光是传统观光游客选择旅游目的地的根本动机。与之不同的是，乡村旅游观光不是游客的直接动机，旅游者到乡村旅游的出游动机主要在于休闲度假，并顺便游览乡村风景观光。故而，乡村旅游观光资源更多的是一种环境衬托，当然不排除依托优质资源而成为核心吸引物的乡村。

二是旅游行为的区别。首先是重游率的差异。一般说来，传统的旅游观光在景区停留的时间较短且多为一次性的游览活动。曾经游览过的旅游目的地多难以再次满足人们求新求异求奇的旅游需求，一般不会促使旅游者"故地重游"。即使有重游的情况，重游率也较低。毕竟，通过拍照的形式证明自己曾经"到此一游"已经达到了观光旅游的目标追求。而乡村旅游观光则不同，游客往往会因其之前游览时留下的美好印象和回忆，再次产生故地重游的动机。其次是时间停留差异，传统旅游观光具有目的地性，时间较快，行程安排较紧，游客一般采取走马观花式的旅游方式。乡村旅游观光一般属于自愿行为，是游客在茶余饭后进行的游览行为，重在追求休闲度假旅游所带来的身心放松和心灵慰藉，通常游客在目的地停留时间较长。最后是客流集中程度的差异，因受法定节假日等因素的影响，传统旅游观光游客多在"黄金周""小长假"等特定时间内集中出游，故常常导致客流"高峰集聚"现象。乡村旅游观光的客流分布则相对较为均衡，乡村旅游一般处在城市周边的郊区或远郊乡村，相对跨省市的行程来说距离较短，为人们在选择出行时间上提供了较大的自由。

三是运营方式的区别。毫无疑问，传统旅游观光的产品形式更多的是景区，通常以门票经济为主，也是旅游目的地收入的主要来源，如九寨沟、泰山等景区的门票是当地政府最大的财政收入来源。在此情况下，也容易导致景区"内外两重天"的结果，不利于带动当地区域经济、社会、生态效益的全面发展。除了资源等级较高的目的地，如婺源、西递宏村等，乡村旅游观光产品的开发一般很少依赖门票经济，更多是一种开放式的发展形式，就这一点本节会在第三部分的运营方式里进行详细介绍。

二、乡村旅游观光的内容及要点

相对于传统旅游观光来说，乡村旅游观光内容较为灵活，更多的是全域性资源的利用与盘活。乡村旅游观光资源反映出人类自然的生存状态，是人类长期以来适应和改造自然而创造出来的生活、生产、生态交融的和谐环境。因此，以生活、生产、生态"三生"资源为切入点，本书对乡村旅游观光进行分类。大致可分为乡村历史文化（生活）观光、乡村产业（生产）观光、乡村山水生态观光三类乡村观光内容。

（一）乡村历史文化观光

这一类型的乡村观光资源重点在于其深厚的文化底蕴，历史长期发展形成的村庄肌理（古村选址、街巷格局、山水风貌等整体空间形态与环境）、传统建筑（文物古迹、历史建筑、传统民居）、环境要素（古路桥涵埂、古井塘树藤）、文化民俗（少数民族文化、传统技艺、民间风俗等与其相关的实物和场所）等都是重要观光内容，像浙江兰溪诸葛村的八卦阵街巷肌理、贵州雷山县西江千户苗寨的传统吊脚楼建筑、周庄的小桥流水及婺源的"晒秋"民俗等都是现实中具有代表性的案例。

在这类乡村旅游观光开发中，需要关注以下几个方面：一方面，要注重文物遗迹的保护，像乌镇 2004 年因其历史遗产的保护模式荣获联合国颁发的"2003 年亚太地区遗产保护杰出成就奖"，尤其是在非遗民俗上实现了"活态保护"。另一方面，文化观光解说系统的打造对于深度观光具有重要作用，类似交通标识指引、电子导游、虚拟体验、生态博物馆等，全面向游客解说文化内涵。此外，在很多成功开发的观光型古镇古村内，还特别注意文化观光与其他业态的穿插融合。乌镇在主街游览线上，每隔一段距离就有一个故居遗址，这样不仅分隔了业态类型，也给游客提供了不一样的游览体验。

（二）乡村农业产业观光

随着农业机械化尤其是观光农业的发展，大规模的农业种植、生产等逐渐成为另一种观光资源，而产业的生产过程本身也是一种观光资源，从原料采集到加工制作成品，因其具有地方文化性、技术神秘性、知识科普性、科技的视野性等特点，往往成为观光的独特看点。

这类乡村旅游观光，与农业生产的时令性有关，也往往具有一定的季节性，因此，为避免季节与景观的单一性，在很多地方开始注重产业景观的四季培育，例如日本富田农场的"七彩花田"，种植花卉种类繁多，有薰衣草、罂粟花、金盏花、向日葵、波斯菊、鼠尾草等150多种，一年四季都有不同的风情。规模化、景观化也是产业观光的必备条件之一，比如有些地方种植茶叶就统一模式，保证种植整齐美观性。在此基础上，主题化的景观延伸也是很多地方的实践经验，融合主题景观小品、景观风貌的开发，为产业景观营造主题氛围。

（三）乡村山水生态观光

乡村的山水生态资源，可具体分为两类，一类是传统的大山大水资源，因其具有优质的、吸引力较高的观光价值，往往也开发成景区。另一类是遍在性的普通山水生态资源，该类往往居多数，虽比不上大山大水，但却别有一番原汁原味、天人合一的韵味。遍在性的观光资源一般散落在乡村周边，是乡村聚落的重要环境依托。

因此，针对遍在性的乡村山水生态观光资源，需要做好游步道、绿道、标识等服务配套建设，形成移步换景、串珠成链的体验感。在全域旅游发展背景下，我国很多地方开始将整个乡村按照景区的标准来打造，盘活山岭、溪流、森林、湖泊等资源，使得游客步入乡村就如步入一个大的田园诗画中，营造出了处处是景的游览氛围。

三、乡村旅游观光的运营方式

前面的分析我们讲到，乡村旅游观光资源除了具有景区开发潜质的重要资源外,更多是一种普通的、分散式的观光资源,那么如何根据实际情况进行有效的开发利用,本书将从乡村与周边环境的关系方面进行分析,以此为切入点,乡村旅游观光的运营方式大致可以得出三种类型。

(一) 边界自营型

边界自营型在这里更多是指乡村与周边或自身观光资源打包成为一个有边界的独立单位的运营方式。根据是否收费,分为两种具体方式:一是门票制度。类似景区观光的运营方式,乡村周边或自身具有非常优质的观光资源,欣赏价值高,自然资源禀赋、历史文化风情或产业景观具有突出优势,能够成为核心吸引。通过将整个乡村观光资源进行整合,在乡村外围设立边界形成乡村旅游景区,统一收取门票。这一类目前常见于江南的水乡古村古镇,如有着"中国最美的乡村"之称的婺源,将全县 2 900 平方公里的风景进行整合,集古村古镇、自然山水、田园风光、峡谷溶洞等为代表风景,并实施一票观光制,即购买景区通票即可游览县内 12 个景点。同时,随着产业庄园的不断壮大,很多乡村田园景观、农业景观呈现出壮观的大地景观,深受市场欢迎,诸如三亚玫瑰产业园、日本富田农场的七彩花田、桂林的龙脊梯田等。

另外一种方式是免费观光,游客观光更多是餐饮、住宿等其他服务的衍生需求,观光的开发主要是一种环境氛围营造,很多乡村酒店或度假村通过内部造景的方式来丰富景观资源,如位于泰国清迈城十五公里的山脚下的清迈四季酒店,酒店位于 MaeRim 山谷的稻田之中,通过创意稻田景观的打造,酒店内风景别出心裁,令人心旷神怡。在国内,随着新农村的发展,很多乡村在外立面、乡村风貌上实施改造,营造出独特的人造主题景观,为乡村塑造了良好的景色环境,例如云南金龙村的九色玫瑰小镇等。

(二) 背景依托型

背景依托型主要指乡村对周边环境进行借势发展的运营方式。众所周知,不是所有乡村都拥有卓越一流的自然风景或悠久的文化底蕴,虽然没有大山大水,但相比城市而言,很多乡村却有山溪、竹林、椰林等较好的生态环境。那么这些优良的生态环境逐渐成为很多乡村旅游发展的重要依托和点睛之笔。像很多欧洲的田园乡村,与周边的风景融为一体,碧绿的平原、波光粼粼的湖泊、遍野开放的鲜花、湛蓝的天空等构成了乡村的一种点缀,使乡村变得更有吸引力。在此情况下,生态环境就成了乡村旅游宣传营销的一个重要因素，正如湖州的乡村民宿，因其处于郁郁葱葱的竹林中，营造出一种绿意盎然的休闲度假氛围，深受长三角地区游客的欢迎。

（三）丰富补充型

丰富补充型是指乡村与周边景区捆绑互动的运营方式，多应用于大景区周边的乡村地区。景区往往与周边乡村在文脉、地脉以及社会经济等方面具有地域一致性，为了增加新的吸引点留住游客，很多景区将周边乡村纳入开发范畴，通过优化乡村游览环境、建设景区项目的配套工程等措施，打造成为景区发展的重要补充。一般景区与乡村采取门票分离的形式，像浙江长兴的顾渚村与"皇家茶厂"大唐贡茶院，游客进入茶院需要购买门票，而在村庄内参观游览则不需要付费。这种乡村观光往往与景区互相依赖，互送客源，一般通过线路连接的方式联动发展。但这类乡村需要注意与景区的差异化发展，要明确如何通过自身的定位，打造具有自身特色的核心吸引，特色化、主题化、品牌化发展是其可持续发展的必然选择。

第五节 乡村旅游购物

旅游六要素中，食住行游是构成旅游目的地收入的基础，而购物和娱乐的开支在一定程度上可以说没有上限。因此长期以来旅游业发达的国家和地区都十分重视发展旅游购物，以期最大限度地增加旅游收入。旅游购物一直是我国旅游业的短板之一，发达国家旅游购物占旅游收入的比例在60%~70%，而目前我国旅游购物的比重还不到40%。

伴随着国内旅游需求的日益壮大，旅游购物的发展潜力已经得到各级旅游发展主体的重视。尤其对于乡村地区来说，发展乡村旅游购物可以有效带动乡村产业发展，大幅度增加乡村旅游收入，并在吸纳乡村居民就业、传承乡村文化等方面有着良好的示范带动作用。因此，我们有必要了解乡村旅游购物的发展历程和特点，充分认识乡村旅游购物的作用，并对未来乡村旅游购物的发展趋势有更好的把握，希望能进一步指导乡村旅游购物的开发。

一、乡村旅游购物的演进

国外较早的乡村旅游购物与庄园发展有着较为密切的关系，如20世纪

40年代澳大利亚酒庄庄园的"葡萄酒直销店",将葡萄酒购物由原来的经销代卖转变为庄园环境中的边品尝边购买形式。可以说,环境的营造在国外乡村旅游购物中一直受到重视,尤其欧洲国家乡村街边的精美橱窗、商店,自身就成为一道靓丽的风景。在购物内容上,国外对乡村传统工艺品、地方土特产品最为青睐,最早对乡村旅游购物进行系统研究的莱切尔(Littrell)认为传统工艺品及其相关联的乡村旅游记忆有助于游客参与不同寻常的体验,感受乡村的生产、生活方式,拓展世界观,增加自信以及体验艺术的乐趣等。例如日本,为了继承、传播本地土特产品的制造技术,设立众多工艺馆、民艺馆、资料馆、展示厅、教育基地等。韩国可以说也是东亚地区旅游购物较为发达的国家,20世纪60年代外国人在韩国主要购买人参、陶瓷、漆器、手工艺品、木工艺品等传统工艺品,到90年代,乡土服装、泡菜等销售量急剧上升。由此我们可以看出,国外在乡村旅游购物的发展已经非常成熟,其在环境营造、传统工艺品的打造等方面对我国乡村旅游购物具有重要的借鉴意义。因国外在乡村旅游购物发展阶段中没有特别明显的变化,以下我们主要对我国国内的情况进行阐述。

中华人民共和国成立以前,我国的旅游业十分落后,旅游购物几乎无人问津,当时的旅游购物活动,都是在自发和分散的情况下进行。中华人民共和国成立后,旅游的政治服务功能远超其经济功能。与此相适应,旅游购物的发展也不是为了获取经济利益,更多是为了满足外事活动的需要。严格讲,改革开放之前我国还没有真正意义上的旅游购物。与我国旅游发展的大背景相一致,一直到改革开放初期现代乡村旅游才真正兴起,因此乡村旅游购物也从改革开放之后逐渐释放发展潜力,迅速成为乡村旅游经济新的增长点。

(一)初级内容服务阶段

20世纪80年代初期,国家高度重视农业发展,激发了农民自主经营和多元探索的积极性,乡村旅游作为农业与旅游业融合发展的新思路,在这样的背景下应运而生。但处于起步阶段的乡村旅游仍是以满足游客的基本需求即餐饮和住宿为主,乡村旅游购物作为可有可无的要素并未引起足够重视。改革开放较早的深圳市荔枝园就开始举办荔枝节,吸引城市人群前往观光、采摘,旅游者的"无心插柳"行为带动了荔枝这一乡村产品的交易量。之后,观光采摘园、生态大棚等经营形态开始被各地复制,也成为这一阶段乡村旅游经营的主要业态之一。当时采摘园的功能相对单一,主要以农产品收费采摘为主。因此这一阶段乡村旅游购物多是购买原始的乡村农副产品，是乡村旅游观光游览过程中附带性、随机性的旅游消费。

（二）规范升级服务阶段

1992年之后，市场经济意识全面强化，中国旅游市场格局发生变化，国内旅游需求快速增长，从原来只有入境旅游逐渐转化为入境、国内、出境旅游并重的新局面，我国的乡村旅游购物市场也开始进入新的阶段。

一方面，国家鼓励乡村旅游规模化、多元化发展，这一时期旅游有关部门也认识到我国旅游购物市场的劣势，相继出台了一系列与旅游购物有关的法规文件。如《全国旅游商品定点生产企业审批及管理办法》，并举办旅游纪念品大赛、旅游购物节等活动，推动我国旅游购物的发展。另一方面，随着旅游者购物需求的不断演进，游客不再满足于购买原始的、初级的农副产品，对于经过加工包装、代表乡村文化内涵、具有纪念意义的购物品需求愈加明显。在供给和需求两方面的共同作用下，乡村旅游购物走上了规范化发展的道路。这一阶段的旅游购物转变成乡村地区有意识地主动地生产、制造、包装和销售的行为，旅游购物品的种类呈现出多形态、多品类的特点，包括旅游纪念品、手工艺品、农副产品等，乡村旅游的售卖也主要依托旅游区内的商品店，或专门建立旅游商品购物中心。像北京的历史文化古村爨底下村，不仅将当地各色杂粮和野山茶开发成了特色旅游农产品，还以当地明清遗迹为原型开发了一系列旅游纪念品，包括微缩的砖雕、石雕、木雕和刺绣工艺品。

（三）文创体验服务阶段

进入21世纪的经济高速发展时期，很多方面都在为经济让步，文化在其中的作用似乎未得到充分发挥。而随着经济趋于平稳，人们又重新审视曾经丢失的东西。尤其是乡村大环境下，其所蕴藏的民俗、历史文化资源，逐步显现文化价值。在乡村旅游发展的过程中，虽然乡村旅游购物在乡村旅游经济贡献中的比例逐渐攀升，但是乡村旅游商品对乡村文化内涵的表现形式也只是浮于表面，缺乏对于游客精神层面的吸引。在此态势背景下，文化创意产业与旅游业的结合成为当今乡村旅游购物开发的出口。文创旅游商品将文化元素通过更符合时代潮流、现代审美的方式展现出来，使乡村旅游商品更具视觉冲击力，同时兼具趣味性、故事性和实用性，逐渐形成旅游商品品牌。

在这个阶段，乡村旅游商品的销售形式也趋于体验化发展，如现在流行的"前店后园",指前面是销售商店后面是加工制作园,在国内外乡村旅游商品销售中也被广泛应用,其特点主要是乡村旅游者能见到旅游商品的加工过程,对于商品加工原料、制作工艺、加工环境等都有直观认识,并可以在现场品尝试用,刺激乡村旅游者的购物消费欲望。

二、乡村旅游购物的作用

我国各地不尽相同的风土人情、传统工艺和土特产品,为乡村旅游购物产品的开发提供了得天独厚的条件,同样,乡村旅游购物的发展也将是激活乡村旅游资源开发的重要途径,在增加乡村旅游创收、延长乡村产业链条、带动乡村就业、提升目的地旅游形象等方面具有重要作用。

(一)乡村旅游购物是旅游创收的重要来源

旅游经济效益主要体现在其旅游收入的多少,旅游收入即旅游者消费支出的总额,其规模主要取决于两个因素:接待人数和旅游消费水平。前者受旅游接待能力、旅游环境容量及客源的制约,属于速度发展型。后者则要以最大限度满足游客消费需求为条件,旅游消费水平提高程度取决于能够满足其消费需求的程度,属于效益发展型。因此旅游购物的花费是"活消费",需求弹性较大,范围也相当广泛,其旅游经济收入具有相对的无限性。

乡村由于其有别于城市的自然生活环境和历史文化积淀,有着丰富的物质资源基础和旅游购物开发潜力。乡村原生特色的农副产品、世代传承的手工技艺都对旅游者有着强烈的吸引力,通过有效的开发、包装和创新,可以引发游客的购买欲望,最大限度地满足旅游者的购物消费需求,提升旅游者在乡村旅游活动中的消费水平。因此发展乡村旅游购物能够大幅度增加当地旅游收入,活跃地方经济,促进乡村居民增收。例如在中国首届乡村旅游节举办的时候,其中一项重要活动是参观考察旅游产品购物中心,成都在乡村旅游区建立了三个专门的乡村旅游商品购物中心,开发出100余种乡村旅游商品,其销售收入在乡村旅游总收入中所占比重得到了很大提高。

(二)乡村旅游购物能够延长产业链条的发展

发展乡村旅游的一个重要作用就是带动农副产品加工、手工艺品加工、旅游用品和纪念品、商贸、运输等产业发展,促进农村产业结构向高产、优质、高效、生态、安全和深度加工的方向调整和发展。由购物带动的旅游商品生产与销售在所有旅游要素中牵扯面最广，牵动的行业和产业最多，对地方经济增长和就业机会增加促进最大。因此，把旅游购物作为延长乡村产业链条、强化乡村旅游的带动作用的突破口最为合适。

通过发展旅游购物，可以将乡村旅游的各种资源作为素材组合进行深度加工，通过对产业链上下游的延伸、原材料的深层次加工衍生出多形态、多功能的旅游购物品从而满足多样化的市场需求，促进乡村产业结构的优化调整。如我们常见的蔬菜——柿子，在邻国日本却是另一番状况，以柿子为主要原料或辅助材料为题材的深加工产品以及衍生产品，达到100多种。仅仅对一种乡村常见的原生食物进行深度加工，就能衍生出覆盖多个产业的不同购物品，足见开发旅游购物的巨大潜力。这种类型的案例在国内也非常普遍，像海南三亚玫瑰产业园、云南普洱茶庄园等产业型的乡村旅游在农业主题的旅游商品开发方面都实现了很大跨越。

（三）乡村旅游购物能够带动居民就业

乡村地区由于发展速度比较慢，大量乡村青壮年人口进入城市谋求生计，外出务工和求学的村民返乡的越来越少，老弱妇孺为乡村常住人口，空心村的现象成为越发严重的社会问题。但是随着乡村旅游的火热发展，旅游业对吸引青壮年人口回流已经起到了明显的带动作用。

发展旅游购物能够有效地放大这种"回流效应"，一方面，旅游购物品与手工艺行业密切相关，大部分旅游商品生产属于劳动密集型行业，在各个生产环节上需要大量的手工操作者，同时相对应的销售、运输环节也会有劳动力的空缺，可以为乡村居民提供丰富的就业机会；另一方面，旅游购物品的生产多适合于小企业，与生产加工销售等环节相关的工作对于受教育水平和专业技能的要求没有那么高，因此门槛相对较低，有利于居民就业，带动乡村剩余劳动力的再就业。

（四）乡村旅游购物能够宣传旅游地形象，形成二次推广效应

旅游购物可能不是乡村游客选择目的地的关键因素，但良好的购物体验却往往很大程度上影响游客的满意程度。如今游客在乡村进行购物消费，尤其是购买具有当地特色的旅游商品，更多是为了对旅行经历的纪念、铭记和回忆，其给旅游者带来的精神满足远大于其实用价值，如剪纸、绣花、刺绣、竹编、面塑、粗布、米酒等，这些东西体现了一段时期的乡村历史记忆。

旅游购物品大多具有乡村地域特色，携带着乡村的形象信息，可反映

出乡村的资源形象、文化特色、艺术水平和特点等。旅游者将乡村旅游商品携带回居住地，通过使用、展示或者馈赠，就可以通过这些有形物品将乡村旅游地的形象信息、文化禀赋展现、传达给所有接触到这些购物品的人们，从而促进更多的人对乡村旅游地的注意、兴趣和了解。像云南腾冲新庄村，通过设立高黎贡手工造纸博物馆，让游客了解其传统工艺。通过旅游购物品的传播形成对乡村旅游地的二次甚至多次营销推广，优质的旅游商品甚至能形成强大的旅游吸引力促进游客数量的增长。

三、乡村旅游购物的发展趋势

（一）文化性和功能性相结合

由于近些年文创旅游商品市场的火热，经营者多从文化、科技角度去设计、研发、销售旅游商品，形成了旅游商品市场上新产品貌似很多，但游客购买量却不大的"叫好不叫座"的现象。片面强调文化，导致商品的功能反而被忽视。有研究发现，游客对"华而不实"的工艺品的兴趣逐渐降低，其购买量也逐年下降。尤其在出境游比例扩大后，游客在欧美等发达国家购买的旅游纪念品、工艺品在旅游购物中占比微乎其微。在国内的旅游商品销售中，生活类工业品在高速增加，在旅游购物中所占的比重也在逐年上升。在一些经济发达地区旅游业中，游客购买的生活类工业品在旅游购物中的比重已高达80%。因此，文创旅游商品的开发要从第一代资源导向型发展到现在趋向生活方式导向型，"最贴近生活的，才是客户最想要的"，这也是一个必然趋势。乡村旅游商品应该逐渐从旅游纪念品、工艺品、农副产品的小圈子，向旅游工业品等更广阔的旅游商品领域迈进。乡村旅游购物品的开发，也应当在提炼乡村文化特色的基础上，开发设计更多"接地气"的旅游购物品，着力提升商品品质，向实用化、生活化方向发展。

（二）强化开发与设计的人才支撑

乡村旅游购物是从乡村本土的原生产品发展起来的，最初的生产者、制造者都是乡村居民。但是随着旅游需求的更新演变，相对粗糙的旅游商品、传统手艺的直白体现已经跟不上时代发展的潮流了。在乡村旅游购物品的转型升级中，人才起到了关键的作用。

在乡村旅游购物品的开发方面，引进专业的、多学科背景的设计人员和机构，能够为乡村文化、传统技艺注入新鲜血液，将文化元素与现代需求相融合；在乡村旅游购物品的生产环节，同样需要培育以专业化工艺为主的生产厂家，使旅游商品生产能够跟得上庞大的旅游购物需求；在乡村旅游购物品的营销环节，由于乡村居民知识文化水平的限制，往往在市场开拓意识、现代营销手段方面能力不足，因此需要引进具备专业营销背景的人才，帮助乡村旅游购物走向品牌化发展的道路。

在未来的乡村旅游购物开发过程中，要加大对专业人才的引进力度，鼓励不同行业人才之间的跨界合作，使乡村旅游商品的设计与时代潮流对接。旅游商品经营企业要创造合适的物质条件和融洽的工作环境，鼓励专门人才留在乡村、不断创新。还可以有计划地组织有关人员到其他模范地区甚至国外考察学习、取经研讨，不断吸取新鲜思想来指导本土旅游购物品的升级换代。

（三）注重购物场所和销售方式的同步创新

旅游购物发展的关键不仅在于旅游商品本身的创意创新，更在于整个购物流程的优化与创新。由于游客越来越注重场景化的体验，乡村旅游购物也应该在购物场所和销售方式上多花心思，为游客提供良好的购物体验。在购物场所上，乡村旅游购物可以在乡村博物馆、乡村驿站、乡村连锁店、乡村购物区、乡村购物街等进行，购物场所设计要整体体现乡村元素或创意主题元素。同时乡村购物场所不能深藏于角落，应在最醒目的地方，成为游客美好旅程开始和完美收尾的确定性选择。

在销售方式上，将购物与其他主题活动相结合，注重包装设计，促进游客的感性消费。可以借助互联网和物联网的发展优势，打通线上乡村购物渠道，推动乡村品牌的传播。还可以定期举办乡村文创主题市集，推动乡村购物品开发设计者的经验交流和思想碰撞，从而促进购物品的创新迭代。例如德清莫干山脚下的庾村文化市集，包含了艺文展览中心、特色农贸市集、主题餐饮酒店等多种业态，不仅促进了旅游购物品的开发设计，还带动了其他产业要素的联动发展。

第六节 乡村旅游娱乐

乡村旅游娱乐与其他乡村旅游形式相比，具有更强的体验性。在乡村这一特定的地域内，其独特的生产方式、特有的生产工具、劳动过程等体现出的人与自然的紧密关系、人与社会发展的密切联系，应该成为乡村旅游娱乐体验的主要内容。与城市旅游娱乐有所不同，乡村旅游娱乐最大的特征在于其乡村的乡土性，它是洞察民族风俗文化的重要窗口，将乡村居民在生活和生产中的传统文化以更为突出的形式呈现在旅游者面前，同时，乡村旅游娱乐也因乡村生活、文化的多样性展现出体验的丰富性特征。当然，乡村旅游娱乐还具有植入的延展性特征，在乡村大环境下，很多城市里的娱乐活动如公园娱乐、康体娱乐等在乡村地域内也得到扩展，极大地丰富了乡村旅游娱乐内容。

一、乡村旅游娱乐的概念与现状

（一）乡村旅游娱乐的概念

"娱乐"的含义最早见于《史记·廉颇蔺相如列传》："请奉盆缶秦王，以相娱乐。"后见于阮籍《咏怀》诗："娱乐未终极"，都是"娱怀取乐"的意思。古代的"娱乐"主要还只是王公贵族、才子佳人等少数特权阶层的取乐活动，而现代的乡村旅游中"娱乐"则成为人民大众普遍喜欢、能够体现乡村生活情境、文化特色和参与互动性强的娱乐活动。《中华人民共和国旅游度假区等级划分标准》中也要求休闲娱乐活动设施及产品的设置与资源密切结合，充分发挥资源优势，并宜与周边区域的旅游资源相衔接。

本书认为，乡村旅游娱乐只是一次乡村旅游活动中的一种旅游行为，不一定以娱乐为主要动机，也可能是其他类型旅游活动过程中穿插的一种文娱活动。更强调地方特色和参与性，时间不宜过长，针对不同旅游者适宜安排不同类型的娱乐节目，娱乐活动项目应常变常新，实现高雅文化与民俗文化的互相结合，寓教于乐等。

（二）国内外乡村旅游娱乐的发展现状与趋势

人类生活早期，旅游属于劳作性质的旅行活动。生活在原始生态环境中的先民，在其周围的资源不足取用时，便开始向大自然的纵深处前进。这样，采集、渔猎、游牧、交换、迁徙等原始的旅游活动便开始产生。

国外乡村旅游娱乐一般围绕农庄、农场等形式，依托农业生产、季节气候和民俗文化资源开展三类相关娱乐活动。

首先，以农业生产为主的娱乐活动最为常见，例如在西班牙，现代乡村旅游者的年龄多处于25~45岁之间，主要是社会文化水平高、购买力强的城市居民，主要的乡村旅游活动包括运动、与农业相关的劳动等。

其次，针对季节气候特点，开发四季性的娱乐活动，像芬兰的伊洛拉旅游度假农场，一年四季对游客开放，夏日人们在湖边垂钓、划船，到林中采浆果；秋季在森林里远足、采蘑菇；冬天在冰上钓鱼或者乘坐马拉雪橇在雪野中驰骋。

最后，节庆活动是最直观地体现民俗文化的手段，在法国最美丽的乡村旅游胜地普罗旺斯，从年初2月的蒙顿柠檬节到7~8月的亚维农戏剧节，欧洪吉的歌剧节和8月普罗旺斯山区的薰衣草节等节庆活动，吸引来自世界各地的游客观赏参与。

我国农业发展历史悠久，各地的自然资源、民俗风情、生产活动和生活方式各不相同。一般以生产依托型、生活依托型和环境依托型三类为主。首先，农耕文化展示以及农事活动体验，如种田、采摘、拉磨、打垛等，干农家活、吃农家饭。其次，丰富多彩的传统节日节庆活动，展示乡村的原貌生活，如龙舟竞渡、摔跤、赛马、射箭、斗牛、赶歌等民俗活动都蕴藏着中国独特而神秘的民族生活文化。最后，充分利用乡村的山水田园以及独特的地理环境资源发展起来的以运动、健康等时尚主题为特色的乡村旅游娱乐活动。这种充满地域特色和民族特色的活动，深深地吸引了国内外游客参与到乡村旅游娱乐中来。

纵观国内外乡村旅游娱乐活动发展现状，我们可以发现，成功的乡村旅游娱乐活动策划具有多样性、参与性、独特性和传承性特征。注重在乡村旅游娱乐活动中充分融入乡村独有的农耕生产场景、农民生活方式和自然质朴的田园乡村景观，把乡村旅游娱乐活动经营得有声有色，不仅是乡村旅游业进一步发展的要求，也是乡村旅游业永葆魅力的重要条件，从而使其在众多的旅游出行目的地中具有更强的竞争优势。

总体来说，乡村旅游娱乐在乡村旅游业中创汇、创收比重并不大，但利润可观，随着人们生活水平和生活质量的提高，对精神层面消费需求增加，乡村旅游娱乐的发展前景十分广阔。

二、乡村旅游娱乐的分类

由于乡村旅游目的地的自然资源不同，人文风俗迥异，具体的旅游娱乐类型也不尽相同。因此，乡村旅游娱乐产品的分类标准也不同。按照娱乐活动组织的时空性，大致可以分为室内型、户外型、长期型、短期型；按照游客参与程度不同，大致可以分为主动参与型和被动接受型；按照旅游者收获感悟不同，大致可以分为娱乐型、学习型、精神型、体能型等。

我们这里主要介绍另外一种分类方式，为了便于乡村旅游资源的合理开发，更好地帮助和指导乡村旅游经营者组织设计乡村旅游娱乐活动，按照依托乡村旅游的核心资源不同进行分类，大致可以分为生产依托型、生活依托型、环境依托型，这三种类型的乡村娱乐在核心竞争力、客群定位、活动组织形式等方面都具有不同的呈现，以下对这三种类型进行详细阐述。

（一）生产依托型

生产依托型的乡村旅游娱乐活动主要是与当地的农业生产场景和农副产品制作相结合，旅游者通过参与农事活动，如采摘瓜果蔬菜、犁地、耕田、灌溉、饲养、骑马等活动，体验乡村生活的质朴淡雅和耕种收获的喜悦。在美国黑莓牧场，游客可以亲自参与到牧场的农业生产活动中，制作各种加工品，游客也可进入果园采摘并参与加工，在体验劳动的过程中了解农业知识，体验亲手劳动的快乐。

此外，还可以再现传统的农耕生产活动场景，让游客参与淳朴的农耕活动，收获一种田园诗般的农村生活体验。如浙江桐乡通过以实物的形式集中展现从远古至今的过去农具及农村生活用品系列，同时组织旅游者参与插秧、收割、打稻等。更有趣的是，也有一些休闲娱乐活动围绕单一主题，将从生产到加工的体验做到极致，如在日本小岩井农场，依托羊倌的工房内部是各种参与性的活动，游客自己纺线、编织，体会 DIY 的乐趣。

这一类的乡村旅游目的地大部分位于城市近郊的农村，主要针对周六日度假休闲的家庭游、亲子游的城市居民。旅游者在深度参与体验乡村的劳动场景的同时也能获得生动的农业生产相关知识并带走自己亲自耕种制作的农副产品。

（二）生活依托型

生活依托型的乡村旅游娱乐活动是与当地农村民俗文化、节庆活动等相结合，通过参与民俗节庆活动，使乡村旅游者融入乡村生活和乡土文化的传承中，体验热情而富有特色的乡村生活。如在澳洲葡萄酒庄园，围绕当地人们的生活开展丰富的旅游娱乐活动，一年四季层出不穷的精彩节庆，2月的音乐节、10月的爵士节和戏剧节等。

我国民族地域的多样性和独特性，经过岁月的沉淀，形成了很多不同的文化和风情民俗，并被传承和延续下来，如婺源围绕古村落主题，推出了"民俗风情展览周""民间彩灯巡演""婺源风情篝火晚会"等系列主题乡村旅游活动。许多少数民族地区结合当地民俗文化开发出的一些旅游娱乐项目，受到了国内外游客的普遍欢迎，特别是结合各种民族节日开发的旅游娱乐项目，以具有本地文化特色的乡村生活节庆场景吸引旅游者参与其中，体验当地古老而富有魅力的风俗。

通常这一类的乡村旅游目的地大部分是位于具有地方或者民族特色的乡村，以节庆活动和民俗表演为主，适合作为周末或是小长假期间的旅游目的地选，旅游者可以体验当地乡村生活的民族、地域特色和节日狂欢，享受旅游的乐趣。

（三）环境依托型

环境依托型的乡村旅游娱乐活动主要是与当地的自然山水相结合，依托山地、河流、田园、草原、冰雪等乡村自然风光，让游客乘着习习凉风、呼吸着清新的空气，听着泉水韵律、望着流星明月，感受"天人合一"的审美境界。

需要注意的是，要充分结合乡村旅游目的地的自然山水形态，因地制宜地设置徒步、慢跑等慢节奏的娱乐体验活动，如在台湾南投清境农场，依托当地的高山资源，设计了"翠湖步道""柳杉步道"等六大步道。另外，利用乡村旅游目的地一些独有的自然资源，如温泉、石林等可开展温泉SPA等娱乐休闲活动，例如在腾冲热海的"大滚锅"，旅游者可以泡温泉澡、吃温泉煮鸡蛋，进行一次奇特的"拔温泉水罐"治疗。此外，还可以利用乡村的场地空间开展登山、徒步、垂钓、温泉等以健康、运动为主题的乡村户外拓展活动，从而达到强身健体、增强体质、放松心情、陶冶情操等目的。

这一类的乡村旅游目的地大部分是位于城市远郊或者风景区附近的农村，适合周末或者小长假期间团体游、户外拓展爱好者出游，在享受乡村自然风光和清新空气的同时，开展养生、运动等活动。

三、乡村旅游娱乐的运营模式

为帮助乡村旅游经营者分析不同经营模式的利弊和发展要求，本书从乡村旅游经营者提供配套服务的完善程度以及游客参与程度的不同，大致可以将乡村旅游娱乐运营分为以下三种模式。

（一）设施提供型

这一类型主要指具有休闲放松和社交的功能，诸如乡村酒吧、烧烤、唱吧、KTV等类型的乡村旅游娱乐项目。该类型通常会设置在乡村旅游目的地中田园风光优美、场地视野相对开阔的区域，如马灯部落的乡村酒吧坐落在西湖湖畔，游客享受美食的同时可以饱览西湖美景。一般为自有经营或者是承包给当地的农民参与经营，只提供给旅游者基本的休闲娱乐场地和工具，收取场地和设备的租赁费用，由游客自己安排活动内容。这种运营模式的优点在于前期投入少、经营者运营管理比较简单而且具有较强的可复制性，同时游客又拥有比较大的自主权，所以在各地乡村旅游目的地中迅速地发展起来，尤其受到青年游和团体游等这一类乡村旅游的个人和团体的喜爱。但是它的缺点在于容易缺少与当地风土人情的融合开发，自身缺少核心吸引力。

（二）参与服务型

这一类型主要是指结合乡村生产生活场景，设置相关互动体验项目，旅游者可以参与其中，在娱乐体验的同时产生益智教育的功能，如葡萄酒DIY制作、动物喂养、吹糖人等类型的乡村旅游娱乐项目。该类通常会设置在乡村旅游目的地内的交通便捷、人流聚集的区域，如飞牛牧场的动物喂养、DIY体验等活动都设置在牧场集中游览区域附近。经营者一般是当地农民，以体验项目收费为主要收入来源，除了提供固定的场地和工具外，还需要派专门的人员进行体验指导，经营者和游客一同完成体验活动。这种运营模式的优点在于前期投入少，可以增强运营者和游客的互动，能够帮助更好地建立两者之间的情感纽带，同时游客可以通过娱乐活动体验学习新的知识。

因此这类娱乐活动更多受到家庭游、亲子游团体的偏爱。但这种经营方式同样存在着缺少当地文化，自身缺少核心吸引力的问题，无法形成独特的"符号"。

（三）专业秀场型

这一类型主要是以乡村地方资源特色和人文特色为主题，通过专业的方式打造更多以秀场、演艺为代表的乡村旅游娱乐项目。这类项目开发的目的更多在于彰显乡村旅游的文化内涵，活跃旅游气氛，兼具观赏性和知识性，如暖泉古镇的"打树花"表演、乌镇的戏剧节、古北水镇的灯光秀等。该类娱乐活动通常需要设置固定的表演场所,对场地质量要求比较高。经营者一般是政府、连锁运营商,以观赏表演的门票收入为主。其优点在于给游客的视觉和心理震撼大,能够迅速抓住游客的眼球,同时具有当地特色,能吸引各类旅游人群参与观赏。

  与此同时,其缺点在于项目的前期投入成本比较高,而且需要大量具有一定专业水平的人员参与表演。目前,已经有越来越多的乡村旅游目的地通过这种模式运作旅游娱乐的核心引爆项目。

第四章 乡村旅游的发展模式

第一节 乡村旅游开发模式

依据乡村旅游依托的资源及开发的产品,可将乡村旅游归纳为精品民宿带动型、民族风情展示型、民俗文化依托型、特色产业开发型、景区带动发展型、生态资源依托型、红色旅游结合型、田园观光休闲型八种模式。

一、精品民宿带动型

精品民宿带动型主要是指利用乡村闲置农宅发展高端精品民宿,打造具有知名度和吸引力的民宿集群,形成以民宿体验为着力点,三产融合发展的乡村旅游综合业态模式。

(一)模式特点

以民宿为核心体验产品,围绕旅游元素形成丰富的乡村旅游产品体系,通过成立民宿协会或民宿联盟,形成强有力的区域力量,培育出具有明显地域特色的乡村旅游产品品牌,创造多元化的旅游体验,促进乡村旅游发展。

(二)适用范围

风景优美、环境良好且周边具有良好度假旅游资源的乡村,适合采用精品民宿型发展路线。

二、民族风情展示型

以原生态的民族风情、民族文化为吸引物,开展民族歌舞、节庆活动、民族美食体验等旅游活动,满足游客了解多民族文化差异,感受和体验民族风情文化的意愿。

(一)模式特点

乡村环境原真性强,民族文化特色浓厚,村民参与度高。

（二）适用范围

民族风情浓郁的特色村寨、民族村落。

三、民俗文化依托型

以历史建筑、文物古迹等为旅游吸引物，挖掘传统的民俗文化、农耕文明、民间技术等，体现乡村旅游的历史文化内涵。

（一）模式特点

旅游资源具有历史代表性，资源保护要求高。其核心是通过文化元素牵动旅游业的发展，注重民俗文化的展示和传承。

（二）适用范围

旅游资源文化价值高、传统文化保存较好的乡村。

四、特色产业开发型

以农业、手工艺品、艺术等特色产业为支撑，通过与旅游深度结合，拓展产品的附加值，提升产品的旅游服务功能，最终形成产业、文化、旅游共同发展的一种特色乡村旅游发展的模式。

（一）模式特点

以特色产业为主，旅游休闲功能为辅。特色产业与旅游业融合度高，游客参与性强，能够吸引城市居民共享共创。

（二）适用范围

支撑产业特色鲜明，旅游产品附加值高，具有较高的知名度的乡村。

五、景区带动发展型

借助景区的辐射效应，为景区提供多样化的配套服务，通过景区带活乡村经济、致富百姓的一种模式。

（一）模式特点

依托景区发展，共享景区客源。乡村与景区在地域文化上具有一致性，但在旅游业态上更加具有乡土气息。

（二）适用范围

邻近知名旅游景区，可进入性良好的乡村。

六、生态资源依托型

依托优质的自然生态资源而开展的生态体验、生态教育、康养度假的乡村旅游发展模式。

（一）模式特点

强调旅游环境的自然性和原真性，旅游产品主要特色为"绿色低碳"和"亲近自然"。

（二）适用范围

自然条件优越、生态资源丰富、环境污染较少的乡村地区。

七、红色旅游结合型

依托红色资源，打造集宣传、教育、展览、研究等于一身的爱国主义教育基地，建设具有特定历史记忆的红色旅游乡村，通过发展精品演艺、研学旅游传播红色文化，传承红色基因。

（一）模式特点

将红色旅游景观与乡村的自然景观进行有机结合，将传统的革命教育融入乡村发展历史文化中，具有鲜明的主题性。

（二）适用范围

乡村红色旅游资源丰富，在中国革命历史上发挥过重要作用并拥有光辉的革命事迹。

八、田园观光休闲型

主要依托优美的田园风光和乡村人居环境，将生产、生活、生态结合起来，满足游客回归自然、农事体验、休闲度假的需求。

（一）模式特点

围绕乡土景观与农业生产形成多元化的旅游体验产品，旅游服务功能相对复合多元，乡村多位于城郊地带，主要聚集于城市居民亲子娱乐和休闲度假市场。

（二）适用范围

生态环境良好、乡土生产生活气息浓厚且位于城市郊区或周边的乡村地区。

第二节 乡村旅游经营模式

一、乡村旅游经营主体

随着社会经济的发展、消费需求的升级以及社会主义新农村建设的持续推进，我国的乡村旅游得到了快速的发展，并呈现多元化的趋势。乡村旅游发展的不同水平和质量除了受历史条件、资源禀赋、经济水平、市场条件等因素限制外，经营主体的经营水平也是关键因素。乡村旅游经营主体主要包括农民、村集体、政府和企业。[①]

（一）农民

农民是乡村旅游开发经营的重要参与者，也是乡村旅游业得以发展的重要人力资源。农民参与乡村旅游业的主要目的是通过参与旅游利益分配和旅游管理决策，追求经济利益和社会需求的双重满足。如果乡村旅游开发以外资为主，农民只是"关联"，不参与经营，则乡村旅游开发并没有为当地经济发展做出应有的贡献，因此，乡村旅游在开放中要激发农民参与的积极性，才能保证旅游产品的原汁原味。

（二）村集体

村集体是农户利益的代表者，同时，它的介入也有利于协调政府、旅游企业、农户三者的矛盾，保证乡村旅游的健康可持续发展。村集体一方

[①] 千永福，刘峰. 乡村旅游概论[M]. 北京：中国旅游出版社，2017：236-253.

面是农户的组织者,通过契约的方式以旅游产品的销售、旅游服务的提供为连接纽带,把农户组织起来,为农户提供各种信息服务、技术服务,并对农户进行管理培训,提高旅游服务技能;另一方面是乡村旅游可持续发展的保证者,通过加强农户、旅游企业及政府联系,对三者的行为进行监督和调节,及时发现三者的矛盾问题并进行调节解决,同时积极引进各种外部因素,对乡村旅游的可持续发展提出建议,保证乡村旅游健康、可持续发展。

(三) 政府

政府是乡村旅游发展的支持者和引导者。作为乡村旅游重要的经营管理主体,政府机构组成较为多元,纵向层面包括不同职能和层级的部门组织,横向层面包括环保、建设、林业、国土、旅游等部门。在乡村旅游发展初期,政府要充分扮演支持者的角色,尤其是资金、基础设施、招商引资等方面的政策支持。随着乡村旅游市场机制的日益完善,政府还要扮演引导者的角色,保证乡村旅游的健康可持续发展。同时,政府也要对其他参与主体实现有效的监督和引导,通过一系列的措施来规范其他参与主体的行为、加强对农户的培训和监督、提高参与者农户的旅游经营素质等。

(四) 企业

伴随着乡村旅游的快速发展,越来越多的企业进入这一行业,国有企业、民营企业、社会个人和其他法人纷纷涌进农村地区从事乡村旅游,成为乡村旅游重要的经营主体之一。旅游企业作为乡村旅游开发的主体,从景点的开发建设到景区的经营管理都是企业的职责,其目标是获得经济收益,在这一逐利过程中,他们为乡村旅游的社会文化环境系统注入新的资本、思路、物流、信息流、资金流、人流等,会在一定程度上提升乡村旅游发展质量和效率。但是由于企业的逐利性,会与农民产生竞争关系,包括产品价格、产品质量、产品成本、服务质量等方面的竞争,这会对农民的利益产生影响,因而在企业与农民之间也需要村集体和政府的统一协调。

二、乡村旅游经营基本类型

乡村旅游活动的复杂性决定了乡村旅游经营主体关系的交织与交互,随着这些关系的不断萌芽、生长,从而形成潜在新秩序并奠定了一定的利益格局,形成了由不同利益主体构建而成的经营模式,主要类型有农民主导型、政府主导型、企业主导型、村集体主导型、混合型 5 种类型，每一种经营类型都有其自身特点，乡村旅游要因地制宜地选择合适的运营主体，以保障乡村旅游可持续发展。

（一）农民主导型

农民主导型是以农民为基础，对所拥有的资源进行自主经营和管理，承担经营风险，享有经济效益，自然集合形成的乡村旅游运营。该类型的主要产品形式可根据实际经营结构组织的不同，细分为"农户+农户""个体农庄"两种形态。

1. "农户+农户"模式

（1）模式运作。由发展成熟的农户传播经验并进行示范带动，引导帮扶其他农民经营，最后形成农户与农户融合协作、共同发展的经营模式，自发性是该模式的重要特征。在利益分配方面，该模式下的经营权与所有权集中于农户，农户自负盈亏，经营收入全部归农户所有，富民效果较为明显。

（2）模式利弊。

优势主要有：①保留乡村原生：以当地村民为主要参与者，乡村资源为开发对象，受外来文化的影响较小，有利于保存乡村文化的原真性。②进入门槛低，运营风险小：多以小规模的农家乐为主要形式，农户的资金投入和经营成本较小，开发经营难度低。

劣势主要有：①规模有限，可持续发展能力弱：农户经营范围、业务规模、接待能力有限，缺乏核心竞争力，抗风险能力弱，可持续能力弱。②缺少标准规范，服务质量低下：农家乐多由未经过旅游服务专业训练的农民经营，松散经营和粗放式管理无法为游客提供优质的服务，卫生、消防存在一定的隐患。③产业结构单一，产品更新迭代慢：自主群体经营餐饮和住宿，结构形态单一，且农民的素质和视野限制了乡村旅游产品创新，模仿抄袭严重，在后期会产生同质化竞争，农户间陷入微利困境，旅游产品缺乏亮点，游客重游率低。④营销无法有效开展，市场影响力有限：融资困难，营销资金缺乏、方式落后且渠道较窄，致使农户经营难以形成有影响力的品牌，市场影响力有限。

（3）发展要点。"农户+农户"模式的发展关键在于地方政府加大扶持引导力度，促进农户提升经营管理水平，实现规范化、高水平、抱团式发展。

（4）适用对象。多适用于区位条件好，有山水景区资源依托，具备一定旅游资源和散客市场，但乡村旅游资源尚处于起步发展阶段的乡村。

2. 个体农庄模式

（1）模式运作。个体农庄具有一定的规模，以农业生产和乡村生活为依托，以农耕文化为核心，利用田园景观为游客提供乡村生产生活休闲体验以及住宿、餐饮等基本服务设施，是在传统农家乐基础上升级壮大后形成的农户经营模式。在利益分配方面，农庄主作为投资经营主体自负盈亏，农民通过在农庄就业打工获取一定劳务报酬。

（2）模式利弊。

优势主要有：①拓展了经营空间与功能，相比于农家乐，个体农庄的经营空间从农户扩展至农业生产活动空间，经营功能则增加了娱乐、购物等体验活动。②丰富了收入结构模式，农庄一般会依托农业生产活动开发垂钓、采摘、亲子DIY等收费型项目，使农庄收入结构更加丰富。③带动周边农民就业增收，农庄经营规模相对较大，需聘请农民作为劳动力，促进农民就业。

劣势主要有：①难以出精品：农户和家庭经营，发展规模和水平容易受限，具有和"农户+农户"模式相同的劣势，产品创新迭代慢，服务缺失标准规范，难以做成精品。②资金风险大，外部资金和人才难以进入：农庄投入资金量和日常资金流转量相对较大，需要承担一定的资金风险。且个体农庄的经营者多是当地农民，自主经营、管理和决策，缺乏投融资思维与渠道，较难吸引外资，一般也较少聘用外来人才。

（3）发展要点。提升农庄经营管理水平，丰富经营业态，并强化招商引资与人才引进力度，打造具有市场竞争力的精品农庄。

（4）适用对象。适用于农业产业基础成熟且特色鲜明、周边市场容量大、经济相对活跃发达的区域。

（二）政府主导型

政府主导下的乡村旅游运营模式是指政府为了强化对乡村旅游资源的开发管理，成立乡村旅游管委会，并下设旅游开发公司，负责市场化运作乡村旅游项目或是政府型企业直接负责市场化运作的经营模式。

1. 模式运作

在政府主导乡村旅游运营模式下，政府是乡村旅游核心项目的经营者，其主要职能是确定产业政策、制订发展规划、完成基础设施投入、完成其他主导性投资、承担宣传推介任务、实施行业管理等。在利益分配方面，旅游开发经营收入归政府所有，用于乡村旅游资源保护、环境治理、村民补贴等，当地农民可获得生活环境改善、就业渠道增加、自主经营收入等收益。

2. 模式利弊

（1）优势主要有：①开发建设资金有保障：政府作为开发主体，不仅能投入一定的财政资金，还能有效地配置资源，为旅游项目的开发和资金筹集拓宽了渠道。②市场化运作效率高：政府主导的开发建设力度较大，能形成规模效益，且旅游公司进行市场化运营，能灵活开展市场营销、投资合作与产品服务创新升级，提高乡村旅游经营效益。③协调力度大，可控性强：管委会具备行政统筹职权，能较好地协调调度村民参与乡村旅游项目建设，同时对项目建设过程中的乡村风貌改造、经营业态布局、建设工程推进等具有较强的控制力。

（2）劣势主要有：①开发动力不足：政府作为行政管理与公共服务机构其营利性需求较低，乡村旅游开发建设容易出现动力不足的问题。②运营机制受限：政府主体的体制机制灵活性不强，在开发建设决策上偏向循规蹈矩，缺乏创新力。③开放性不足：政府过度干预，导致市场竞争力不足，外部资金、人力难以进入，村民参与的积极性较差，制约乡村旅游的发展进程。

3. 发展要点

鼓励三权分立：使农民保有土地所有权，政府实施管理监督权，企业落实经营权，保障农民权益和有序开发，保证市场化运作，实现效益最大化。

优化经营环境：政府出台税收、评优、财政补贴等政策，企业给予一定指导和帮扶，处理好企业和农民关系，重视基础设施建设、服务标准制订以及商业业态引导。尝试推进PPP（Public Private Partnership）模式，拓展融资渠道，引导社会资本进行旅游开发。

4. 适用对象

处于乡村旅游开发前期阶段，尚未进行改制的传统乡村旅游景区适用这种发展模式。

（三）企业主导型

1. 模式运作

在乡村旅游开发建设中，引进组织结构成熟的旅游公司运营，乡村旅游项目的所有权和经营权归公司所有，以公司的整体品牌形象进行乡村旅游开发和经营活动。政府和村集体不参与具体的开发管理决策，当地农民以个人身份加入公司，以劳动获取收益。在利益分配方面，企业作为投资者获取全部的开发经营收入，对农民给予一定的征用补偿，农民主要靠农产品附加值获取收益，农民也可以个人身份进入企业打工获得薪资报酬，提高收入。

2. 模式利弊

（1）优势主要有：①投资大，起点高、发展快：投资乡村旅游项目的企业大多具有雄厚的资本基础，且能灵活运用市场投融资渠道和财政补贴政策，能为乡村旅游项目投入较高的开发资金，使乡村旅游项目在一个较高的起点规模化地展开。②团队成熟、运营管理水平较高：企业组织结构成熟，管理理念更现代化，能够高水平地推进乡村旅游有序开发。③吸纳当地城镇与乡村居民就业：企业主导开发建设的过程中，需要聘用大量当地城镇与乡村居民就业，提供了建设施工与服务接待等多种职位，解决了当地就业困难的问题。④产品与服务水平较高：企业主导运营将对管理服务人员进行全面培训，对接待服务水平要求较高，能更加规范地保障游客旅游体验效果，维护游客利益。

（2）劣势主要有：①土地利用受到制约：农村用地政策限制企业进入，企业投资乡村旅游项目较难获得建设用地指标，且乡村旅游项目涉及征用农民土地，或是拆迁部分公共建筑，企业作为外来机构，较难获得农民认可与配合，开发建设的灵活度受限，不利于企业的长期发展。②企业与农民长期利益相冲突：企业主导的乡村旅游项目，大多采取一次性长期征地租用形式，不对农民的后续收益承担责任，容易出现旅游漏损的利益流失现象，易引发矛盾。③容易过度商业化破坏资源：企业投资乡村旅游项目的最大目标即获取利益收入，因此在开发建设过程中容易出现过度商业化破坏资源景观的现象，不利于乡村原真性的保护。

3. 发展要点

关键在于协调好开发建设过程中的用地问题，协调好当地农民的利益并带动农民致富。鼓励三权分立，尝试PPP模式，引进资金人才。

4. 适用对象

适用于经济发达且改革创新政策多（土地或资本）的区域，尤其是位于环城游憩带上具有优势农业产业的村镇，发展潜力大、接近客源市场、交通便利的区域。

（四）村集体主导型

1. 模式运作

村集体统一开发、运营和管理，把村集体所有的资源、村民特殊技术、村民劳动量、村民自主投资额转化为股本，合理分配给农民，引导农民作为股东与员工，直接参与乡村旅游开发的决策、生产经营活动和利益分配的一种经营模式。根据村集体在经营管理中的程度和作用可分为四种主导类型。在利益分配方面，采取按股份分红与按劳分红相结合的方式，经营和参与主体按各自股份获得相应比例的收益。

2. 模式利弊

（1）优势主要有：①公平保障村民利益：采取按股分红与按劳分红相结合的利益分配方式，有利于解决利益冲突并保障村民利益，具有一定的公平性。②规模效益明显：村集体能够将资源、资金、人力、物力集中统一开发与管理，有利于实现规模效应。③保护乡村原真性：有组织地经营开发一般眼光较为长远，在促进可持续发展的乡村旅游的发展模式同时更容易保持乡村文化的原真性。

（2）劣势主要有：①较难统一村民思想与决策：村集体模式涉及集体经济的决策与运营管理，难以统一村民的开发意见，包括村民在用钱、用地、用人方面的意见。②对村集体带头人依赖性过强：村集体模式大多依赖于带头人的战略眼光与谋略，需要以带头人的人格魅力强化对村民的集体领导，也受限于带头人的经营管理思维，主观性因素较大。③法律规章约束力较弱，难以规范化发展：村集体经济对法律制度的贯彻落实不强，村民的法律意识较弱，大多依靠不成文规定或村领导的个人威望来约束村民行为，缺少严格的规范引导。

3. 发展要点

村集体模式的发展主要在于统一村民思想，形成长效的运营决策机制，强化与时俱进观念，引入外部经营理念和创新业态，提升村集体的旅游经营管理水平。

4. 适用对象

适用于村民配合度较高、区位条件好、乡村旅游资源丰富或具有垄断性、经济基础设施条件好的区域。

（五）混合型

混合型即由农民、政府、企业、投资商等多方共同参与乡村旅游的开发运营管理模式，能充分发挥各类主体的独特经营优势，避免单一主体主导的局限性，提升乡村旅游资源利用率。混合型经营根据经营结构组织的不同，可细分为股份制和合作社制两种经营模式。

1. 股份制模式

股份制模式主要是指"企业+政府"模式，即政府保留旅游资源的所有权，出让经营权或以经营权作价注入，吸引投资商注入资本，共同组建旅游开发公司，双方占一定比例股权的经营模式。

（1）模式运作。由旅游开发公司租用农民土地或聘用农民，整体负责开发建设与经营管理，达到政府受益、企业获利、农民增收的效果。在利益分配方面，政府与投资商根据所占股份获取相应的经营收益，此外，政府还能获得旅游开发公司的纳税收入，村民通过自主经营农家乐、小旅馆、餐厅等也能获得额外收入。

（2）模式利弊。

优势主要有：①缓解资源保护与开发的矛盾：在股份制模式下，项目所有权掌握在政府手中，政府可通过行政措施强化资源与环境保护力度，推动项目顺利开发建设。②企业运营效率高：股份制模式下，企业全权负责乡村旅游项目的运营管理，能以现代的成熟运营方式对乡村旅游项目进行市场化运作，提高资源开发效率，提升运营管理效益。③拓展投融资渠道：股份制模式可以采取招商引资、信贷、融资等方式集聚资本，吸引更多社会资本投入乡村旅游资源项目中，有利于项目的顺利推进。

劣势主要有：①政府管理与企业经营存在矛盾：政府过度干预影响运营效益，政府所拥有所有权和行政管理权，容易过度干预乡村旅游项目的运营，影响企业的运营决策。②企业开发与村民利益存在矛盾：政府和企业主导的旅游开发公司全面掌控乡村旅游项目的运营管理，村民参与性不高，且村民利益缺乏保障，容易激发农民与企业之间的矛盾。③企业投资风险大：企业需投入较多资金用于基础设施改建等，整体的投入成本高，具有一定的风险。

（3）发展要点。合理分配股权权利，做好协调分配，提高农民参与积极性，形成良好的运营管理机制，避免多头管理。

（4）适用对象。适用于旅游资源归政府管理、环境保护要求高、项目开发需要大量资金投入的区域。

2. 合作社模式

合作社模式主要是指"公司+村委会/专业合作社+农户"模式，即农民将土地承包经营权流转并与村委会签订协议，由村委会将农民土地集中并转让给旅游开发公司的经营模式。

（1）模式运作。旅游开发公司不与农户直接交涉合作，而是统一与当地村委会或专业合作社沟通对接，由村委会和专业合作社调动农户参与旅游项目，由旅游开发公司负责投资开发经营、制定相关规章制度并组织旅游服务培训事宜。在利益分配方面，旅游开发公司占有大部分经营收入，合作社组织获取一定比例经营收入用于集体环境建设与组织协调工作，农民获得一定比例经营收入分红或是土地出让租金，还可在乡村旅游开发公司就职获取劳动报酬或是通过自主经营家庭旅馆或餐厅获得相应的经营收入，保证农民参与的积极性。

（2）模式利弊。

优势主要有：①各司其职，各得利益：旅游开发公司与合作社统筹协调，政府进行科学有效指导，村民可以获得相对公平且长期性的利益收入，权益得到保障，合作社也能较好地统一组织村民。②高效开发，监管保障：旅游开发公司在合作社组织的协助下，能高效集中乡村土地、资金、人力，统一开发经营，提高资源利用效率；合作社可监督并规范资源开发强度，确保乡村旅游项目正规、有序、合理发展，维护乡村环境，促进乡村旅游的可持续发展。

劣势主要有：①村民没有决策权：公司与村委会或专业合作社对接，而不与农户直接合作，农民的意见与建议得不到重视与反馈，不利于提高农民参与农村旅游项目的积极性。②利益分配易产生矛盾：由村委会或专业合作社经手的乡村旅游经营利润的分配易出现不公平或不均衡的问题，引发村民矛盾。③旅游开发公司投入成本高：公司需要投入大量资金用于基础设施建设与乡村环境改造，投入成本高。

（3）发展要点。合作社模式的发展要点在于做好村民的协调组织工作，高效市场运营，并公平分配经营利润，保证分配机制明晰。

（4）适用对象。适用于农民意识团结、有旅游开发意识但缺乏运营管理资金与路径的村镇。

第三节　乡村旅游社区参与

一、社区参与

（一）社区参与的概念

社区参与是指社区居民进入旅游发展体系中，参与决策、执行、管理、监督等过程，包括旅游利益分配过程，是让社区居民从受益方转化为获益方的方法和途径，其不仅关注社区居民的主体性，还从整体性的视角关注所有人的关系与利益。

社区参与中，最重要的主体是社区居民。在大众旅游发展中，社区参与划分为社区居民个别参与、组织参与、大众参与三个阶段。这三个阶段中，尤其是大众参与阶段，旅游目的地社区仅注重旅游对旅游目的地带来的经济效益，忽视发展旅游业对社区当地环境与文化的负面效应，也忽视了社区对环境保护和传统文化继承发展的责任和必要性，社区对当地环境的保护和传统文化的维持都是被动的、不系统的。而在生态旅游发展中，社区的发展要求社区对旅游业实现全面的参与，不仅参与经济活动，而且参与环境保护和社会文化等的维护，在此阶段，社区参与不仅以个体的形式分散参与经济活动，而且以整体的名义参与旅游规划和决策活动。

（二）社区参与的途径

社区参与当地旅游的途径，主要包括当地居民进入乡村旅游业主开发的企业中作为服务人员、商贸人员、特色种植人员、特色养殖人员等。随着乡村旅游的发展，农民地位的提升，还应鼓励农民进入当地乡村旅游企业担当管理人员，并且对有实力、有想法的社区居民鼓励其参与到农家乐、乡村旅游商品加工企业的创办中。

二、社区参与乡村旅游的重要性与优势

（一）社区参与乡村旅游发展的重要性

我国仍处于社区参与乡村旅游发展的初级阶段，对乡村社区参与乡村发展缺乏正确的引导、管理和控制。由于乡村社区固有的一些制约因素，

如观念落后、人口素质低、信息闭塞,人才资金缺乏等,在旅游开发中往往缺乏科学的理念和引导,且在旅游开发中只将乡村社区居民作为管理的对象,忽视其作为利益主体的权益,为追求暂时的经济利益,导致乡村的自然环境发生极大的变化。由于种种因素,导致乡村社区居民对旅游业产生极端的态度,消极抵制旅游业的发展或只顾经济利益而坑害旅游者的权益现象时有发生,旅游开发现状不尽如人意,尤其是社区参与不足所引发的各种问题十分严重。所以,必须将社区居民纳入乡村旅游发展中,通过实施社区参与,协调社区居民与当地政府、开发商、旅游者等之间的关系,实现各方的利益诉求,更有助于加快社会主义新农村建设,减少旅游发展给乡村社区带来的消极影响,从而实现旅游业的可持续发展。

(二) 社区参与乡村旅游发展的优势

当前,我国经济平稳发展,人们的旅游消费观念、出游观念正发生着巨大的变化,人们以追求身心的放松、人与自然的和谐、健康舒适地休闲游憩、体验地域特色的民俗风土人情等作为出游目标。而在我国的乡村社区大多处于远离城市的偏远地区,自然景观和人文景观较少受到外界的干扰,这些地区保存了众多原始、奇秀的自然景观和独特的民俗风情,其中安乐祥和的田园景观、神秘奇特的古镇、各异的民族特色、人和自然的和谐相处,与城市生活迥异的生活方式,都使得社区居民参与旅游开发享有明显的资源优势,赢得广泛的市场。且社区的积极参与能使游客亲切真实地感到原汁原味的乡土文化,提高旅游活动的参与性和提升文化内涵,突出乡村社区的文化优势和旅游市场竞争优势。而近几年,我国政府从政策上加大乡村振兴力度,努力消除城乡差别,不断促进农民增收,"三农"问题以及社会主义新农村建设的提出等都为乡村旅游走向一个新的台阶提供了更好的保障。

三、社区参与与乡村旅游发展的现状

目前,在我国相当多的乡村地区,旅游的发展主要还是由政府来掌控,社区参与乡村旅游的发展模式,旅游发展的进程不够成熟且较为缓慢,尤其是在比较偏僻落后的地区,当地农民乃至当地政府受教育程度低,受传统文化影响严重,政府职能部门独断专行、显示权威的现象比较严重,加上社区参与乡村旅游的意识较差,因此,乡村社区居民的参与愿望、要求和利益均得不到充分的考虑。所以,乡村社区参与乡村旅游发展中存在很多问题,主要体现在以下三个方面。

（一）参与旅游活动内容少

1. 参与旅游决策有限

社区居民由于自身的弱势地位，很少有人能够参与到旅游决策中。旅游的开发、规划、管理等一系列问题的决策仅限于相关部门的专业人员和决策者，而普通居民很少有机会能真正参与到决策中去，从而使制订的规划、计划缺少民众基础，实际操作总是达不到预期的效果。

2. 参与旅游收益有限

社区参与的合理收益机制尚未真正建立，社区居民在收入和就业等方面无法获得较好的经济利益和平等的发展机会。在乡村旅游实现最大利润化的过程中，社区居民很容易被边缘化，企业往往获得绝大部分的经济利益，而社区居民参与不到乡村旅游利益的分配，或者只能很小程度地参与乡村旅游利益的分配。同时，由于旅游业的季节性导致社区旅游就业方面的强烈波动性，从而导致了收入的不稳定性。

3. 参与旅游相关培训有限

由于资金的限制，乡村社区居民很少有机会参与旅游培训，使他们缺乏相关知识，无法参与到旅游活动中，只能从事非技术性、低报酬的工作，极少进入管理层和决策层，报酬优厚的管理性和专业性工作基本由社区外的人员占有。

（二）参与程度低

1. 参与层次低

由于现有乡村旅游开发的初级性和乡村社区居民文化素质低，现在的社区居民对乡村旅游开发的参与还停留在较低的层次上，处于基础参与层和一般参与层，重点参与层次较少，主体参与层次更少。具体表现在就业岗位大多科技含量、文化含量不高，管理岗位少，多为体力劳动，可替代性强；所提供的产品和服务较为单一，缺乏创造性和吸引力，乡村性和地方性还有待挖掘。

2. 参与产品素质有限

乡村社区参与乡村旅游开发的产品大都单一，初级旅游产品的深加工不够，把参与性、文化体验性的旅游项目简化为观光性的项目，产品内容一般是吃农家饭、住农家院、垂钓、采摘等，缺乏旅游精品。乡村社区难以摆脱小农意识，产品的雷同性强，旅游服务水平不高，表现为从业人员服务程序不规范、服务意识不强以及服务技能缺乏，难以满足游客的需求。

（三）参与机制不完善

1. 乡村社区参与乡村旅游的研究机制不健全

目前，乡村社区参与旅游开发基本处于个别探索阶段，其实施多为地方政府或国内非政府组织主导，缺乏有关部门、研究机构和多学科专家的积极参与，具体的乡村社区参与乡村旅游的操作模式、管理体制、已有经验等有待深入总结和交流。由于学术背景、研究条件的不足和旅游学科研究面的宽泛，再加上本项研究的复杂性，对这一方向的研究不深、指导不够。

2. 乡村社区参与乡村旅游的管理机制有待改良

我国旅游业还没有将社区参与纳入管理体制的框架中来，旅游管理对社区居民的利益和意见关注不够。以旅游规划为例，在旅游规划的立项、规划调查、意见征求、评审和实施中都是以地方政府和专家的工作为主，缺乏社区居民和旅游开发商的参与。

四、社区参与乡村旅游的模式

（一）"农户+协会"和"农户+社区"型

"农户+协会"型一般由村民委员会组织成立乡村旅游协会或者是农家乐协会。"农户+社区"型一般是农村社区成立相应的乡村旅游管理分支部门，无论是协会还是社区部门都对社区内的乡村旅游负有管理监督的职责，同时充分利用当地政府的有利政策和条件，促进本地区乡村旅游的健康有序发展。在社区或协会的统一协调下，家庭型乡村旅游能保持经营开发的统一性和整体性，成立统一的订房中心，统一价格、统一宣传、统一经营和分派客源，共享客源信息，实行奖励制度，这样就避免了恶性竞争，共享了当地优势资源，有利于做大、做强乡村旅游品牌。

（二）"农户+企业"型

有些乡村旅游村庄由村委会或者乡村旅游经营大户牵头成立有限公司，农户可用现金、土地等折算入股，由企业统一经营、统一对外宣传，利润按照股份多少进行分红。农户也可以通过参与企业劳动项目的方式参与乡村旅游的发展，按照参与的劳动来分享乡村旅游的利益。农户既是企业的所有者又是企业的劳动者，按劳分配和按资分配达到了较好的结合。同时，企业与家庭型乡村旅游相互合作，在客源、当地资源分享上都有协议，企业带动家庭型乡村旅游经营户开展乡村旅游经营活动，两者相互协作、互补发展。

（三）"农户+企业+社区"型

"农户+企业+社区"型是实际上经营乡村旅游的企业和农户家庭都作为成员，统一接受社区相应部门的统一管理和监督，由社区统一分配本地区的乡村旅游资源，是居于"农户+社区"型和"农户+企业"型两者之间的村集体型乡村旅游发展模式。

通过对上述乡村旅游社区参与模式的总结，可以看出，在社区参与乡村旅游的发展中，都不是任何一个利益主体独立操作一切活动或事务，而是在协商、总体协调下，各利益相关体相互协作，组成一个有序的生产和销售体系，来实现共同的利益目标。

第四节 乡村旅游合作社发展

一、乡村旅游合作社的产生与发展

（一）乡村旅游合作社的概念

1. 乡村旅游合作社的定义

乡村旅游合作社是指我国农村 20 世纪 80 年代后出现在中国农村大地上的农民自愿联合组织，实行民主管理，通过组织成员开展旅游相关业务、经营活动及服务，共同分享收益的互助性经济组织。主要经营范围为组织农业生产、农产品销售、农业观光、接待服务，为成员提供相关业务管理、指导、技术、宣传和培训服务，包括各种专业合作社、专业协会、合作基金会、社区合作组织等合作经济组织，但不包括传统的信用社和供销合作社。

2. 乡村旅游合作社的功能

乡村旅游合作社作为一个服务农业、农村和农民的组织联合体，其功能的重要性是不容忽视的。乡村旅游合作作为农民专业合作经济组织的一个类型，在组织、服务、中介、协调、文化传承方面都具有十分重要的功能。

（1）组织功能。乡村旅游合作社的组织功能十分明显。一是按照国家和地方的旅游产业发展政策，组织社员进行乡村旅游建设、农家乐、民宿等服务，促使乡村旅游接待由行政管理过渡到由合作社组织协调管理；二是根据国家和地方的乡村旅游发展规划，组织和协调社员合理利用当地"三农"旅游吸引物，开发符合规划要求的乡村旅游产品及服务；三是根据市场需求和社员意愿，组织社员抱团参与旅游市场竞争，提高合作社的乡村旅游经营能力和竞争能力。

（2）服务功能。服务性是农民专业合作经济组织的一个重要特征，服务功能是乡村旅游合作经济组织的基本功能之一。乡村旅游合作社作为一个服务性的组织能够通过自我管理谋求自我发展，进而服务农户和游客。

（3）中介功能。乡村旅游合作社是处于政府和企业之间的中介性组织，是沟通政府和农户的有效桥梁。一是乡村旅游合作社作为一线的乡村旅游经营决策个体，能联合本地的乡村旅游行业力量，使当地的乡村旅游发展要求、意愿及时地反映到政府，既能使农户加强沟通，为自身管理提供服务，又能供政府制定政策、方针做参考；二是政府通过对乡村旅游合作社履行管理和指导职能，可以减少政府直接面对的农户数量，减轻政府服务指导压力；三是乡村旅游合作社能够协助政府宣传、指导、监督农户更好地遵守、贯彻国家的方针、政策和法规等，是协助政府管理农户的得力助手。

（4）协调功能。协调功能主要体现在两个方面。一是协调当地各乡村旅游经营者，构建一个利益共同体，实现以强带弱，整体提升当地乡村旅游接待能力和服务水平；二是乡村旅游合作社作为一个互助性经济组织，又是一个基层社会治理的"小团体"，可以通过"小团体"的优势，共同协调解决不同利益需求，消解内部矛盾，起到协调与稳定社会的作用。

（5）文化传承功能。农村中往往保留了更多中国的传统文化。通过乡村旅游，建设民俗文化村，举办民俗文化节，城市人能够更好地了解乡村社会文化和民俗风情，起到传承中国传统文化的作用。

（二）乡村旅游合作社的组建

乡村旅游合作社属于农民专业合作社，其成立必须按《农民专业合作社法》《登记管理条例》的规定，严格执行乡村旅游合作社注册条件及流程，履行法定的组建程序。

1. 注册条件

（1）具有五名以上符合规定要求的合作社成员。

（2）具有标准的乡村旅游合作社章程。

第四章 乡村旅游的发展模式

（3）具有相应的组织机构。
（4）具有固定且符合正常运转的场所。
（5）具有符合章程规定的成员出资。

2．注册程序

（1）发起筹备。
（2）制定合作社章程。
（3）推荐理事会、监事会候选人名单。
（4）召开全体设立人大会。
（5）组建工作机制。
（6）登记、注册。

二、乡村旅游合作社经营管理

（一）经营模式

乡村旅游合作社可按照农民专业合作社一般方式开展经营，基本模式就是区域内（一般为村内）农家乐经营户、民宿经营户、手工艺生产者、土特产生产者等乡村旅游相关业务的经营者、参与者，共同发起乡村旅游合作社，开展合作接待、联合经营、统一销售、共享客源。也包括引导农民以闲置房屋、土地经营权、林权等入股的方式参加乡村旅游合作社，由乡村旅游合作社对闲置房屋、林地等进行统一打造、开发和经营，解决农民如何广泛参与乡村旅游的问题。

1．"合作社+公司+农户"模式

在这类模式中，乡村旅游合作社作为引进公司与农户连接的桥梁，解决了合作社资金、技术、市场等问题，起着统一标准、联合农户、服务企业、调处矛盾的作用。如四川省仁寿县石家现代农业观光旅游专业合作社，采取"合作社+公司+农户"的发展模式，引进公司对合作社掌握的闲置农房，按照星级农家乐和乡村酒店的标准进行改造，建设旅游特色村，提高乡村旅游的服务水平。

2．"合作社+基地+农户"模式

采用这种模式的乡村旅游合作社，一般以种植业和养殖业为产业基础，并有一定规模的生产基地，可在现有农业基础上注入旅游业态，从而引导农户发展乡村旅游。如四川省洪雅县荷园乡村旅游专业合作社，由当地 5

户农民联合成立，以70多亩荷花种植、荷塘养殖地为主要资源，融入雅女文化、农耕文化，打造集特色、生态观光、休闲旅游、农耕采摘、摄影写生、文学创作于一身的乡村旅游观光点。

3．"合作社+公司+基地+农户"模式

此类乡村旅游合作社将村集体作为一个公司组织，通过一定股份比例，确定分红比例增加社员收入。如四川省北川羌族自治县青片乡正河村民俗旅游专业合作社，积极鼓励农户使用土地、房屋、资金等资源以及发展农家乐等方式入股，吸纳该村114户村民加入合作社。

4．"合作社+园区+农户"模式

此类乡村旅游合作社通过有效整合已有旅游资源，打造一个核心乡村旅游示范区，建立乡村旅游生态循环链条。如四川省通江县空山天盆乡村旅游专业合作社，整合当地旅游资源，在农户以新农村住房入股和带动发展农家乐的基础上，建设乡村旅游示范园区，引领当地农民走上乡村旅游产业化发展道路。

5．"合作社+政府（村两委）+农户"模式

此类乡村旅游合作社一般由政府部门或村两委引导村上"能人"成立，政府起主导作用，通过政策激励，引导农户加入合作社。如北京市密云区石塘路村民俗旅游专业合作社，属于村委带动型，由村委会发起成立，理事长也是村主任。

6．"合作社+景区+公司+农户"模式

此类模式通常适用于资源禀赋优越的区域，公司出资开发打造景区，农户以房屋、土地、劳动力入股，合作社协调农户与公司的关系，保障农户受益。如四川省巴中市巴州区山水化湖景区，采用此种模式，建立思源等乡村旅游合作社5个，直接或间接地带动辐射周边5个乡镇稳定脱贫。

（二）经营风险控制

风险控制是旅游合作社顺利发展的基础，在农村合作社的经营过程中要明确风险类型，科学应对。

1．风险类型

农民专业合作社风险是指农民专业合作社在生产经营过程中，由于自身或外界因素的影响而遭受损失的可能性。乡村旅游合作社既面临着农民

专业合作社的共性风险，又面临着经营乡村旅游业务所带来的个性风险。

（1）自然风险。自然风险是指因不可抗力的气象灾害、地质灾害现象所导致的危害乡村旅游合作社经营活动或成员生命安全的风险。乡村旅游主要是在广大农村、城郊地区开展，容易受到台风、暴雨、冰雹、地震、滑坡等自然灾害影响。

（2）市场风险。一般而言，乡村旅游合作社面临的市场风险主要包括生产所需材料价格和成本变动、市场需求变化、同类产品以及服务的竞争策略变化、产品宣传销售渠道建设等。乡村旅游是极易受市场因素影响的，特别是在大多数产品和服务比较雷同的情况下，游客的需求变化和其他竞争者经营情况变化将给乡村旅游合作社带来较大的市场风险。

（3）环境风险。环境风险是指农村地区的生态环境遭到破坏，由重大疾病或重大环境污染问题产生。乡村旅游依托的乡村环境，本应是一个自然清新、尊重自然规律，给人展示和寄托乡愁的良好环境，但是近年来由于个别地区的盲目发展，导致农村地区生态环境破坏严重，生态系统被打破，青山绿水、田园景观被破坏，直接影响乡村

旅游合作社的经营。同时，突然暴发的疾病、疫情或重大污染事件也会导致游客减少，给乡村旅游合作社带来风险。

（4）管理风险。乡村旅游合作社的管理风险是客观存在的，受主要负责人和管理者的素质、合作社规模、组织结构、成员参与程度等影响。乡村旅游合作社要特别注意财务和盈余分配方面带来的管理风险。

（5）经营风险。乡村旅游合作社经营风险包括旅游产品和服务的同质化竞争、服务质量不达标、游客投诉等。由于旅游产品的口碑效应较为明显，一旦乡村旅游合作社提供的产品、服务出现较大规模的游客投诉，若不认真回应和及时处理，必然影响乡村旅游合作社的经营效果，直接影响合作社成员的收益。

（6）人力资源风险。乡村旅游合作社的人力资源风险主要表现在以下三个方面：①缺乏专业性人才：乡村旅游合作社普遍缺乏既懂合作运营又懂旅游管理的中高端旅游专业人才，对于如何运作乡村旅游合作社仍然在摸索中，应对市场需求变化能力不足，经营效果不稳定；②合作意识不够强：乡村旅游合作社成员对合作精神缺乏认同，个别成员在旅游旺季时会出现自主经营、私自拉客、私下议价等非合作行为，导致合作社经营受损，造成成员间矛盾；③缺乏有效的管理和培训：包括对乡村旅游合作社成员培训力度不足、培训效果不佳导致成员服务标准不一、质量和水平存在较

大差异，影响乡村旅游合作社的整体经营效果。

2. 风险应对

成风险管理不仅是推进乡村旅游合作社稳定和可持续发展的前提，还是提高成员收入、保障游客权益、维护社会稳定的重要保障。乡村旅游合作社应对风险包括：开展可行性分析，做好风险应对预案；从制度和工作机制上规避财务风险，依法规范运行财务管理；推进产品特色化开发，以质取胜，提高竞争力；开展多种经营和配套经营，推进标准化和统一化服务，增强市场营销能力；建立公平合理的利益分配机制，明确成员权利和义务，确保乡村旅游合作社规范运行；加大人员培训力度，加大对乡村旅游合作社发展带头人的培育，加强对乡村旅游合作社成员合作意识、经营能力、服务和水平等培训；注重组织形式创新，与其他类型合作社开展跨类型、跨区域合作，打造乡村旅游产业链，增强经营实力和抵抗风险能力。可以说，能否成功地应对风险决定了乡村旅游合作社的命运。

三、乡村旅游合作社指导管理

（一）主管和指导部门

乡村旅游合作社的主管和指导部门主要包括县级政府、县级农业行政主管部门、登记管理部门、旅游业务指导部门。此外，乡村旅游合作社涉及民族文化展示、民俗表演和展演、特色手工艺品销售等经营活动，还涉及文化、商务、民族事务等部门的业务指导。

（二）联合监管服务指导机制

乡村旅游合作社的设立登记、业务指导、行业管理职能职责分属不同部门，决定了乡村旅游合作社的指导、管理和服务，不能单独依靠某一部门或者单位来完成，需要按照部门指导、协同监管、联合惩戒的原则，整合和协调各有关部门，共同构建联合监管服务指导机构。一是卫生、食药监、商务、环保、国土、林业等其他有关部门以及组织按照各自职责做好乡村旅游合作社的指导和服务工作；二是乡村旅游合作社管理服务涉及的农业、旅游、工商、商务、林业等有关部门，应建立乡村旅游合作社的联合监管机制；三是整合各部门相关政策，构建支持乡村旅游合作社发展的政策体系。

（三）培育途径

对于乡村旅游合作社的培育，应坚持分类指导，在充分了解各区域旅游现状的基础上，从实际出发，有针对性地引导、培育、发展乡村旅游合作社。

（1）对已有乡村旅游合作社的地区，积极稳妥地推动向法人社转型，引导农民参与市场竞争。鼓励并引导具有意愿、具备条件的各类乡村旅游协会、乡村旅游经营联户等，按照《农民专业合作社法》要求，成立乡村旅游合作社，在乡村旅游接待进行统一协调的基础上分散经营。

（2）对旅游资源丰富、产业发展基础条件好的地区，如景区周边、农家乐、森林人家、民俗聚集地、农民新村等，鼓励农村集体经济组织创办乡村旅游合作社，鼓励并引导有实力的农家乐经营户、乡村旅游带头人、能人等领办乡村旅游合作社。

（3）对于大中城市、景区、自然生态区周边和民族地区，培育提供休闲观光、创意农业、农事体验、科普教育、乡村度假、森林康养产品和服务的乡村旅游合作社。

（4）对于农民市场意识不强和乡村旅游合作组织不发达的地区，发挥典型示范带动作用，加强政策引导和激励，引导农民以空置房屋、土地经营权、林权等出资入股建立乡村旅游合作社。

（5）鼓励正式登记的种植、养殖、销售、服务等各类型的农民专业合作社，注入"旅游+"的理念，拓展旅游业务范围。

（四）旅游综合业务指导

各级旅游、农业、林业等部门应加强联合，共享和交流各自掌握的有关乡村旅游合作社基础数据和统计数据，积极联系、协调工商、国土、建设、卫生、文化、人社等有关部门加大对乡村旅游合作社的综合业务指导，引导乡村旅游合作社特色化发展、推进乡村旅游合作社标准化和统一化服务、增强乡村旅游合作社的市场营销能力、做好乡村旅游合作社业务培训、推进乡村旅游合作社品牌化建设，鼓励乡村旅游合作社参与乡村振兴。

第五节　乡村民宿的发展

乡村民宿作为休闲体验式旅游的一环，它的发展对乡村的经济和文化都产生积极的影响。乡村民宿与本地旅游业相结合，对乡村产业结构的调整起到了推动作用；乡村民宿利用村内闲置房，不仅实现了闲置资源的再利用，还增加了村民收入；乡村民宿的发展必定带动对本地文化的挖掘，对保护与延续乡村文化皆有益处。

一、乡村民宿概述

世界范围内，民宿随着观光旅游业的发展而兴起，在欧美发达国家已有相当久远的历史。民宿起源于第二次世界大战后的英国，其英文名称为"Bed&Breakfast"，即提供住宿及早餐之意。之后发展为当地的乡村民宿。在亚洲，日本民宿是代表。民宿一词源于日本的民办旅店，是当时的日本政府为摆脱泡沫经济所引起的度假旅游危机而开发农渔山村，批准个人经营的一种城市居民以家庭为单位寄居于农家民宅的新型度假方式。日本及我国民宿产业经过近几十年的发展，也逐渐形成规模，并由此形成了特色鲜明的民宿旅游文化，成为地区及国家旅游产业非常重要的发展方式。我国的民宿起步较晚，但发展迅猛，浙江、丽江、拉萨、阳朔、成都等地的乡村民宿数量增长较快，品质也较高。我国民宿的范围较广，种类很多。比如，以莫干山为代表的洋家乐、以四川成都为代表的农家乐、以厦门鼓浪屿为代表的家庭旅馆、少数民族地区的特色民居旅馆等。

调查显示，2017年，我国民宿消费规模达200亿元。而2018年乡村民宿订单量已经超过2017年全年的300%，累计接待近200万房客，为乡村房东创收超过5亿元。乡村民宿入住的平均间夜为2.8天，比总平均夜间要高出60%。出游人数多在2~5人，多以情侣、亲子、家庭为单位出游。预计到2020年，我国乡村民宿消费将达363亿元，年均增长16%，远高于同期国内旅游消费年均8%的预计增速。截至2018年，我国民宿总数达42 658家，11省市民宿数量在1 000家以上。我国各省市民宿数量前十名分别为：云南、浙江、北京、四川、山东、福建、河北、广东、广西、湖南。其中云南以6 466家民宿的数量位居全国第一名（表4-1）。

表 4-1 我国各省份民宿数据统计（港澳台地区未统计）

排名	省份	民宿数量	排名	省份	民宿数量
1	云南	6 466	17	山西	593
2	浙江	5 669	18	上海	588
3	北京	3 587	19	贵州	531
4	四川	3 361	20	重庆	443
5	山东	2 829	21	辽宁	428
6	福建	2 767	22	天津	427
7	河北	2 298	23	黑龙江	370
8	广东	2 009	24	青海	358
9	广西	1 778	25	河南	292
10	湖南	1 615	26	甘肃	282
11	江西	1 103	27	内蒙古	277
12	江苏	996	28	湖北	186
13	安徽	900	29	吉林	137
14	海南	852	30	新疆	42
15	西藏	761	31	宁夏	32
16	陕西	681			

资料来源：中国产业研究院

  当前国内学者对乡村民宿定义引用最多的民宿概念即台湾的《民宿管理办法》（2002）中对"民宿"的定义：指利用自用住宅空闲房间，结合当地人文、自然景观、生态、环境资源及农林渔牧生产活动，以家庭副业方式经营，提供旅客乡野生活之住宿处所。该办法还依据地段及经营特色对其经营规模进行了严格控制。通常以客房数 5 间以下，且客房总楼地板面积 150 平方米以下为原则。但位于原居民保留地、经农业主管机关核发经营许可登记证之休闲农场、经农业主管机关划定之休闲农业区、观光地区、偏远地区及离岛地区之特色民宿，得以客房数 15 间以下，且客房总楼地板面积 200 平方米以下之规模经营。该定义强调民宿载体是自用住宅空闲房间，经营性质为家庭副业方式，经营体制更独立、更自由，民宿风格更加多样化。

  大陆地区对乡村民宿的定义更加宽泛，如李德梅等认为，民宿是私人将其一部分居室出租给游客，以副业方式经营的住宿设施，游客不仅能与主人进行某种程度的交流，更能感受当地的风土人情。这种宽泛的定义使得一些学者研究民宿的相关问题时，将农家乐、客栈、青年旅馆也纳入民宿的范围中来，如张延、代慧茹。李沛沛和单文君结合前人观点，将民宿定义为利用自用住宅空闲房间或者闲置的房屋，结合当地风土人情，以家庭副业方式经营，提供旅客乡野生活的一个有家和温暖感觉的住宿处所。该定义首先扩大了房屋的来源范围，但同时也限定了民宿的开办地点是乡野之中。赵菁从设计的角度，通过将民宿与传统酒店对比，较为清晰地介绍了民宿的概念，民宿通常是对现有建筑的再次设计，民宿通常会提供生活方式、农家菜、地域文化等体验，民宿本身可能会成为一种旅游吸引物等。

2017年8月21日，国家旅游局发布了《旅游民宿基本要求与评价》的行业标准，并于2017年10月1日起实施。行业标准对旅游民宿的定义为利用当地闲置资源，民宿主人参与接待，为游客提供体验当地自然、文化与生产生活方式的小型住宿设施。而且，民宿单幢建筑客房数量应不超过14间（套）。

二、乡村民宿的经营模式

乡村民宿主要经营模式分为家庭自主经营与租赁经营。

（一）家庭自主经营

民宿经营主体为产权拥有者的房东，分为主业经营与副业经营，自主经营拥有经营方式灵活、民宿主题特色个人化、独特化等优势。主业经营即村民将经营民宿作为主业，此类经营模式对民宿收益依赖较高，一旦遇到淡季，很容易造成经营问题；副业经营即业主对民宿经营的依赖较低，对旅游季节性产生的经济效益不稳定容错率高，是目前乡村民宿的主要经营方式。自主经营具有难以形成规模、对民宿所在地选址条件要求高等限制。这些限制会在一定程度上影响民宿的经济效益。

（二）租赁经营

租赁经营分为个体租赁与规模租赁。租赁经营是现在乡村精品民宿的主要经营方式，租赁经营与家庭自主经营的区别在于是否拥有房屋产权。与家庭自主经营相比，租赁经营因其成本增加所以在经济上更易受亏损影响。而在租赁经营中又有个体与规模经营之分，其区别在于民宿经营者是否雇用人员来进行民宿的管理。从狭义上讲，规模租赁经营的民宿在专业性与规模化上要大于个体租赁经营。

三、乡村民宿的集聚发展

乡村和民宿各取所需、通力合作，借力民宿发展，乡村建筑得到保护和复兴，通过发展与之相匹配的生态环保产业，形成了新的致富渠道。乡村民宿呈现集聚发展态势。

（一）乡村民宿集聚分布的特征

1. 乡村民宿集聚分布于经济较发达城市周边

城市发展带来的种种负面影响使得城市居民开始追求一种回归自然、享受乡土气息的生活状态。民宿为旅游者提供了独立的生活处所，旅游者可以享受地域性人文、自然景观，并可融入当地生活从事农林牧渔生产活动，因此民宿受到越来越多的城市居民的欢迎，尤其是城市中产阶级逐步成为民宿旅游市场的主体。

人们一般利用双休日或者节假日出游，距离是出游规划的第一影响要素，就近的民宿成为优先考虑的旅游目的地。受市场需求的驱动，民宿投资者或经营者更倾向于选择城市周边乡土气息浓厚的地区发展。经济发达城市拥有充足的客源，而雄厚的经济条件又保证了游客的消费能力，其周边地区自然成为民宿旅游发展的热区，形成了民宿集中分布在经济发达城市周边的空间分布格局。

2. 民宿集聚分布于旅游资源丰富地区周围

旅游是现代人的一种精神追求，时下的旅游多以观光旅游、度假旅游和娱乐旅游为主。民宿要与当地特色的历史人文景观、自然生态景观以及生活生产活动结合起来，才更具有吸引力。因此，民宿在空间布局上往往更加靠近本地开发成熟的优秀景区。通过对长三角地区民宿和景区进行叠置分析，二者在空间分布上彼此靠近，民宿周边有景区，景区周边有民宿。民宿高度集聚区域内都有知名度较高的全国性优秀景区。以长三角地域民宿和3A级景区为例，以景区点位为中心分别建立了5千米、10千米和20千米的缓冲区，坐落在5千米缓冲区内的民宿占比71.15%；坐落在5~10千米缓冲区内的民宿占比17.52%；坐落在10~20千米范围内的民宿占比只有10.19%。

可见，大多数民宿分布在距离景区较近的5千米范围内，在远离景区的区域内民宿数量急剧下降。景区周边来往游客众多，对住宿的需求量大；而民宿在提供住宿的同时，还能提供享受本地乡土文化、特色美食等机会，成为众多旅游者的首选。因此，民宿投资和经营者往往选择靠近旅游资源的位置。

3. 民宿集聚分布于交通主干道附近

旅游是旅行与游览的综合，旅游活动的异地性使交通条件成为旅游的必要环节和基础。在旅游过程中，长途交通（航空、铁路）将客源地和目的地连接起来，而市内（短途）交通将旅游活动中的各个景点以及食、住、行、娱、购的各个环节串联起来。民宿旅游也不例外，需要便捷的交通条件将景点与民宿串联起来。

旅行社一般将食宿、景点等要素通过旅游线路及车辆换乘有机地衔接起来，这种情况下游客的行进路线固定、游客自由到达的范围相对有限。近年来，自驾游成为旅游出行的主要方式。中国旅游研究院与中国电信联合进行的乡村旅游调研显示，近七成的游客选择自驾的方式到乡村旅游。自驾游客可以自由选择出行线路、自由决定停车食宿地点，这一定程度上扩大了游客的活动范围。

因此，交通条件便捷的区域也成为民宿分布的集中区域。以长三角地区为例，以交通主干道为中心线分别建立了1千米、3千米和5千米的交通缓冲区，坐落在1千米缓冲区内的民宿占比32.74%；坐落在1~3千米缓冲区内的民宿占比39.10%；坐落在3~5千米范围内的占比13.72%。在3千米范围内民宿分布居多，5千米范围内的民宿占比总共达到了85.56%。可见，交通主干道附近也逐渐成为民宿集聚的重点区域。

（二）乡村民宿集聚分布的动力机制分析

1. 外部动力机制

（1）政府主导政策驱动。民宿产业的发展与乡村旅游蓬勃发展的大背景息息相关，从中央到地方各级政府都高度重视乡村旅游发展，也重视民宿这种新业态的打造。民宿产业集聚受到各地方政府政策的推动。2015年11月25日，国务院办公厅《关于加速发展生活性服务业消费结构升级的指导意见》推动民宿产业加速发展；2016年1月27日，中共中央、国务院《关于落实发展新理念加快农业现代化实现全面小康目标的若干意见》提出大力发展休闲农业和乡村旅游，有规划地开发休闲农庄、乡村酒店、特色民宿、自驾露营、户外运动等乡村休闲度假产品。2016年3月2日，由国家发展改革委等10个部门制定的《关于促进绿色消费的指导意见》提出支持发展共享经济，鼓励个人闲置资源有效利用，有序发展网络预约拼车、自有车辆租赁、民宿出租、旧物交换利用等。2017年7月11日，国家发展改革委等13个委办局又发布了《促进乡村旅游发展提质升级行动方案（2017

年）》，推动形成体系完善、布局合理、品质优良、百花齐放的乡村旅游发展格局。各省市根据自身区域特点也制定了相关的奖励扶持政策，这些政策极大地推动和促进了区域民宿产业发展。2022年中央一号文件中对乡村旅游用地、乡村旅游重点业态、乡村旅游建设方向及乡村文化传承发展均有重要表述。

（2）旅游消费升级驱动。近年来，我国居民消费处于商品消费向服务消费转变的上升期，居民用于服务性消费的支出大幅增加，而商品消费增长相对缓慢。2014—2016年，城镇居民用于医疗、教育、娱乐、旅游、交通等服务性消费的支出占比由35.7%上升到41%。中产阶级规模扩大叠加需求升级，距离城市2~3个小时车程、200千米范围内、性价比优势突出的特色民宿产业备受推崇。随着"90后""00后"等成为市场主体，多样化、个性化体验等新需求不断扩大，原有的标准化住宿产品已经不能满足他们的需求，而个性化、体验性强的民宿产品更迎合他们的喜好。

（3）民宿投资资本驱动。目前民宿投资除了为了情怀、追求小而美不追求投资回报的民宿主之外，主要有三类。

第一类是电商平台投资民宿产业，比如携程旅行网、去哪儿网、途家网、同程旅游网等。除成立民宿客栈频道外，还直接从事民宿投资运营，如同程旅游完成对花间堂的战略投资，成为花间堂第二大机构股东；途家网旗下的途远公司直接参与贵州美丽乡村精品民宿建设等。

第二类是国有大型企业进军民宿领域，比如首旅集团、浙江旅游集团、国奥集团等。首旅集团成立首旅寒舍酒店管理有限公司，已经在全国布局60余个古村落民宿产业；浙江省旅游局与浙江省旅游集团及相关公司设立100亿元旅游基金，高等级客栈和精品民宿项目都是主要投向。

第三类是房地产企业转型进入民宿产业，如新华联集团、银泰集团、金融街等。新华联集团在安徽芜湖开发了鸠兹古镇项目，有上万平方米的用地建设客栈、民宿和精品酒店。这些公司发展民宿产业，追求规模化增长，又有相应的品牌体系和运营标准、建造标准以及经营平台等支撑，因此极大地推动了民宿产业的发展和集聚。

另外，民宿投资的主体多元化、投资形式多样化，推动民宿投资持续火热。

2. 内部动力机制

（1）民宿集聚形成市场竞争优势。民宿集聚区内部企业之间存在着竞争合作关系。民宿单体规模较小，客房一般在3~15间，很难实现大的旅游接待量。在集聚区内，具有一定数量的民宿后，可以实现接待能力的规模性递增。单个民宿通过自身品牌招揽客源的能力很弱；通过外部规模效应，可以形成整个民宿集聚区在旅游市场上的区域品牌，扩大影响力。区域品牌效应将直接给每个民宿经营者带来收益的增加。单个民宿的生命周期可能不长，会存在优胜劣汰的风险，但是整个民宿集聚区形成品牌后，品牌效应相对持久，将会带动区域内民宿企业的联动发展，打造出市场竞争优势，形成乡村旅游发展的合力。

（2）民宿集聚可以降低交易成本。民宿集聚区可以为游客提供多样性的住宿体验产品，具有客源共享的规模经济效应，降低了单个民宿与游客的交易成本和交易风险。同时，由于聚集了大量同类型的民宿企业，吸引了布料清洗、房屋清洁、广告策划等供应链上下游厂商和机构、相关专业人才在当地聚集。民宿集聚区内分工专业化、信息交流与传播顺畅、劳动力资源共享，降低了民宿的建设成本和经营成本。同时，产业链上的相关供应商、中间商更容易获得市场机遇，减少搜寻商业信息所需的时间和金钱成本。同时产业集聚会促进人力资源的专业化发展，提高人力资源效率，节约人力资源成本。整个区域内交易成本的降低可极大地增加区域民宿的综合竞争力。

虽然通过集聚式的发展可以给民宿产业带来很多发展优势，增加民宿经营者的收入，但是由于旅游产业的特殊性，民宿业又正处于高速发展期，大量的、快速的集聚会造成当地旅游接待能力过剩，游客预期体验下降，也会导致很多经营者不能获得预期收益。

四、乡村民宿的发展要点

（一）乡村民宿的本质

乡村民宿市场发展良莠不齐，从上千元一晚的精品民宿到几十元一晚的低端民宿，都在非标准住宿这个市场上共生发展。企业资金、社会资本、个人投资都流向乡村民宿产业，资本想在乡村民宿领域继续缔造投资传奇，每个民宿似乎都承载着一个不同目的的乡村梦。然而民宿骨子里的基因应该是什么，民宿的本质到底是什么，发展民宿的初心又是什么。无论何时何地，发展民宿，在强调住宿功能提升的同时，都要"民"字当头，以民为本。

乡村民宿的核心载体应该是农民自有的或者闲置的房屋。乡村民宿的魅力在于以乡村文化和场所为背景，乡村休闲旅游度假为功能，共同构建起民宿的发展要素。乡村文化传达的重要表现形式就是乡土建筑，有形的房屋建筑承载着无形的文化精神。民宿的发展要盘活乡村房屋存量资源，让更多传统民居建筑得以保护活化。如果丢掉了"民房"这个核心要素，以大量地产开发商开发的楼盘来做民宿，民宿的表现形式就会变得苍白无力。

1. "文化"

民宿与酒店的最大区别莫过于主人文化。民宿都有着浓郁的主人文化，很多是作为家庭副业经营，是主人生活方式的表达。在中国大陆的民宿主人就很不一样。根据浩华管理顾问公司发布的《精品民宿调研报告》，现今中国民宿投资者有 70%是利益导向性，30%是情怀型的投资者，情怀型投资者的百分比随着民宿行业的迅速扩张会日益下降。一些优质的民宿品牌开始得到资本的青睐，有温度的民宿主人文化似乎正在被追求投资利益的商业文化所替代，高品质、标准化的客房装修却缺失主人文化，民宿似乎更像是精品酒店。

2. "民心"

民宿的经营者很多都是城市人、外乡人，发展理念不同、沟通方式不同、契约观念不同，使得民宿经营过程中协调与当地农民的关系、营造整体社区氛围尤为重要。在一个乡村中，独善其身、不入乡随俗，只经营好自己的民宿是不现实的。因此，乡村民宿的发展要赢得民心，需要民宿经营者与当地农民共同认识乡村的生态文明及生活方式，共同参与社区营造，共同盘活乡村旅游整体发展。

3. "民生"

乡村振兴不仅是经济的振兴，更是社会的振兴、文化的振兴。乡村民宿是乡村振兴的助推器和乡村旅游产业升级的突破口。很多地方在发展旅游的过程中盲目开发，对于乡村原居民整村搬离，导致乡土文化缺失，或者只考虑外来游客的需要，忽视了本地农民的诉求，致使目的地后续发展乏力。民宿的发展要关注民生问题，切实考虑农民的利益，改善农民的生活条件，提升农民的发展观念，通过一批城里人经营民宿的示范作用，带动更多的农民全方位参与到民宿发展中，帮助村民脱贫致富，吸引更多的新农人返乡，反哺乡村。

乡村民宿的发展相对于旅游目的地的整体开发而言，具有投资规模小、建设周期短、分散性强、船小好掉头的特点，更加容易惠民、富民、凝聚民心，增强农民生产生活的幸福感。乡村民宿的发展要始终不忘"民"的初心，回归"民"的本质，莫让民宿发展变了味、走了样。

（二）乡村民宿发展思路

1. 要强化保护思维

民宿的根基在乡村，乡村固有资源正日益遭受自然和人为的破坏，对资源的保护和维护是政府部门、乡村旅游开发者、民宿建设者必须引起高度重视的问题。要进行充分考察与调研，有效地控制产业规模发展过快，避免民宿过度发展对乡村文化进行二次破坏。

2. 要建立场景思维

场景化建设要以市场需求为导向、以消费者偏好为基础，在遵循保护原有建筑风貌和村落风貌的基础上，融入原居民生活，还原再现乡土乡情。清空原居民式的开发是短视的发展模式。修复为场景服务的建筑，让建筑成为有故事的活建筑。

3. 要树立品质思维

民宿集聚区的创新不一定要做高大上的大体量奢华民宿，也可以考虑因地制宜、注重细节的小而美、小而精的精品民宿群。民宿是非标准化、拥有美妙自然的场地空间，可以大胆创新，深挖文化内涵，树立乡村建设新典范，开拓乡村发展新模式。

4. 要善用互联网思维

以乡村为平台、民宿建筑为依托，通过众筹、众创、众享等互联网方式吸引更多乡村创客进入，将更多的民宿经营者带到乡村，带动人气，给民宿集聚区带来更多的生机活力，从而达到乡村振兴的目的。

第五章　乡村旅游的科学管理

当前，我国对乡村旅游的发展还不够成熟，在管理方面还有多种问题的存在。在原来，主要是以政府为主导来对旅游业进行管理，由政府以行政力量推进，形成了一些政企不分、内部人控制等现象，缺乏有效管理和竞争意识。实现乡村社区发展的前提条件是，必须要具备良好的乡村自然生态环境，这同时也是构建乡村旅游的载体形式。

由此可见，想要实现对乡村生态旅游的进一步发展，就必须要对当地的生态环境进行保护。但是从当前我国乡村旅游发展的总体状况来看，人们还没有对生态环境的保护问题引起足够的重视，在对乡村旅游进行开发的过程中，最为注重的还是旅游的收入，但是却忽略的最为基本的对生态环境的保护。其中的一个典型的例子是，在建设旅游设施的过程中，完全没有考虑到对生态环境的保护。无论是在餐厅，还是在娱乐场所经营的过程中，会将没有经过处理的污水直接排放到河水中，从而加重了河水的有机污染。

随着人们生活水平的提高，很多游客都开始选择自驾的形式来进行旅游，这些机动车辆会排放出大量的废气，对村落的空气造成了严重的污染。旅游垃圾和生活垃圾，由于处理不得当也在影响着旅游区内的生态环境。因此，必须实施改革，将最新的科学技术手段应用到乡村旅游的建设之中，提高对乡村旅游管理的科学性。

第一节　科学管理及其对旅游管理的启示

一、科学管理理念

（一）科学管理的认识

英国在经历了工业革命之后，开始将科学管理的思想融入管理活动当中，其中的代表人物为泰勒、法约尔、韦伯等，他们是古典科学管理运动者。当前的学术体系中，在进行研究的过程中，会将管理学作为一门科学来进行对待,其中的重要原因就是,管理者的先驱将科学和理性等方面的要素,最先融入管理学的研究当中。

在现代管理活动中,将科学的理念融入其中,使得未来多个领域在科学管理的领导下获得了巨大的成功。随着现代经济社会的不断发展,个体之间所存在关系日益多样化和负责化。在这种情况下,如果仍然沿用以往科学和理性的管理手段,来对员工进行管理,通常不会取得良好的效果。在看到日本企业的快速发展之后,人们看到了日本经济的快速崛起与其在管理过程中,对非理性因素的运用起到了重要的作用,因此人们在对管理的研究开始转为一些"软因素"上面。

这是因为,对于企业中的员工来说,他们是理性与感性的混合体,在参与工作的过程中,他们不仅会产生经济上的需求,同时也会在心理和情感上产生需求,他们期望通过自身的工作可以确保自我价值的实现。正是意识到了这一点,因此很多西方国家在对本国企业的员工进行管理的过程中,也开始对中国的一些人性化的管理方式进行借鉴,包括以人为本和中庸之道等软性管理方式。

在对管理学进行深入研究的过程中,开始将管理作为一门艺术来对待,不仅是根据一系列指标来表明管理的科学性,在企业日常管理中涉及的隐性因素也开始引起人们的关注。

(二)管理的科学性

科学实际上就是一种知识系统,包括三方面的内容:第一,明确的概念;第二,一般性的原理;第三,由彼此有联系的原理和概念所构成的理论框架。

与其他类型的科学领域相同,管理学也具有相应的科学性,这是因为,管理学有自己明确的概念、范畴和普遍原理,以及独特的知识体系。对于管理学来说,其实是在大量实践管理经验的基础上,所提炼出来的一套系统知识理论和管理方法,这是管理学具有科学性的最佳体现。经营者在对企业进行管理的过程中,需要管理学中所涉及的基本原理和科学方法进行合理地运用,以此来推动既定目标的实现。在这一过程中,还可以实现对管理活动中多种规律的有效揭示。

二、科学管理对旅游管理的启示

在对人类的管理活动正式开始之后,管理领域所涉及的范围就在不断扩大。当前的管理活动，主要可以分为三个方面，即工程管理、工商管理和公共管理。工商管理的出现，是将管理活动作为一种专门的学科进行研究的起点，然后在此基础上开展对它领域的管理研究。无论是在哪个领域的管理活动，在对其进行研究的过程中，首先需要考虑的就是工商管理所具有的科学性和艺术性，然后再与其他领域的管理活动进行比较，确定彼此在管理活动中所存在的共性以及个性。由此可见，想要对旅游管理的科学性进行研究，就可以将旅游管理和工商管理进行对比，明确二者之间所存在的联系和区别，以此来确定旅游管理的科学性。

在经过大量的研究后发现，旅游管理和工商管理之间存在着多个方面的联系，由此可以肯定，旅游管理也具有科学性和艺术性。旅游管理的科学性主要表现在三个方面。

第一，旅游管理拥有自身系统性的管理原理，包括人本原理、系统原理、动态原理和效益原理等。

第二，旅游管理在实际实施的过程中，有大量的法律法规作为规范，包括《旅行社管理条例》《旅游管理条例》《风景名胜区管理暂行条例》《边境旅游暂行管理办法》等。

第三，旅游管理具有技术管理的依据，即标准的操作规程，包括《旅游统计管理办法》《国内旅游组团合同范本》《导游人员管理实施办法》等。

第二节 乡村旅游管理体制分析

一、"组织+农户"的合作管理体制

（一）"行业组织+农户"的主要形式

1. "公司+农户"

"公司+农户"的发展模式指的是，由旅游公司作为主导，在对乡村旅游进行经营与管理的过程中，逐渐将周围的社会农民吸纳进来，为农村的剩余劳动力提供工作的岗位，并可以实现对社区农户闲置资金的充分利用。乡村旅游的经营需要不断对新的农事活动进行开发，丰富游客的农事体验项目，将真实的乡村文化展现给游客。为了实现乡村旅游的可持续发展，必须要引进科学化的管理方式，定期举行培训，提高农户的借贷服务水平，

避免恶性竞争情况的出现，从而损害到广大游客的利益。"公司+社区+农户"模式是在"公司+农户"模式的基础上所延伸出来的。在"公司+社区+农户"合作管理体制下，公司会通过中介的形式来与农户进行合作，这个中介通常就是当地的村委会，以它的名义来鼓励农户参与到乡村旅游的管理当中。

对于公司来说，会定期对农户进行旅游接待方面的培训工作，以此来对农户的行为进行规范，不断提高接待服务水平，确保公司、农户、游客三者之间利益不受侵害。

2. "旅游组织+农户"

"旅游组织+农户"的合作管理体制是最为常见的，其可以确保旅游产业链当中各个环节的优势充分发挥出来，这同时也是该模式的最大特点。想要实现乡村旅游的可持续发展，对旅游的收益进行合理的分配是其中的关键，这可以对本土文化的真实性进行保护，避免对乡村旅游过度开发情况的出现，同时还可以增强本地村民的自豪感，加快实现对农业产业结构的优化。具体的操作方式主要有以下几点：

第一，由政府作为主导，对乡村旅游的发展进行整体的规划，修建并完善相关的基础设施建设，为乡村旅游的实现提供一个良好的环境。

第二，乡村旅游项目的经营与管理问题由乡村旅游公司来作为主导，建立农民旅游协会组织，对各方面的利益进行调节，组织号召村民积极参与到乡村旅游的建设中来，对当地的传统民居进行维护和修缮。

第三，由旅行社作为主导，不断对当地的乡村旅游市场进行开拓，积极做好宣传工作，吸引世界各地的游客来对乡村旅游进行参观与体验。

第四，我国很多的村落即使拥有丰富的旅游资源，但是由于缺少资金的支持，使得乡村旅游的发展存在多重难题。在这种情况下，政府就应主动参与进来，对乡村旅游的建设进行总体的把控，促进公司与旅游协会的合作，鼓励广大的村民积极参与到乡村旅游的建设中来。

制定多方面的优惠政策，鼓励当地乡村旅游的发展。乡村旅游的发展可以为当地的农民提供大量的就业岗位，吸纳乡村剩余劳动力参与进来，实现对乡村资源的充分利用，确保农村生态旅游的顺利开展。

（二）行业协会牵头下的乡村旅游合作管理体制

乡村旅游协会应在搭建合作平台、形成标准规范、加强宣传推广和协助旅游监管等方面发挥独特优势，推动我国乡村旅游健康发展。

1. 搭建多方合作平台

行业协会应重点发挥在强化交流、扩大宣传等方面的作用,搭建乡村旅游合作交流平台,定期组织开展各类论坛会议、业务技术交流活动等,促进乡村旅游行业内的资源合理分配、渠道共享、沟通合作,以此实现对乡村旅游行业整体效益的提升。1992年,美国针对乡村旅游的发展,专门出台了一项政策,决定建立国家乡村旅游基金(NRTF),这是一个非营利性的组织。从开始建立到现在,国家乡村旅游基金的成立为乡村旅游的发展做出了重要贡献,全面提高了联邦旅游和休闲场所的知名度,为旅游信息的发展提供多种有效的信息,推动州旅游合作计划项目的执行,积极对国际旅游项目进行宣传和推广,对实现乡村旅游产业可持续发展的实现做出了重要贡献。

此外,为了拉动美国乡村旅游产业的发展,国内的多个农业协会组织还会对当地的民众提供咨询和指导方面的服务,将其他地方乡村旅游项目成功建设的经验介绍给他们。每过一段时间,社区就会举办乡村旅游巡回展览、专题研讨会,以此将乡村旅游知识传授给农牧场的生产者,并积极宣传该项活动的公益性,鼓励其他的协会和组织积极参与其中。美国乡村旅游产业能够得到快速的发展,与这些旅游业相关的组织的努力宣传与指导是分不开的。

2. 出台行业标准规范

行业协会具有贴近企业、市场、行业动态的优势,在探索制定乡村旅游相关的技术标准、开展企业评级活动、实现对乡村旅游行业的标准化引导等方面具有突出贡献。例如,在一些乡村旅游地中,规定餐饮行业必须要采购当地的农产品来作为食材,不对其他地方的农产品进行贩卖或是采购,不允许餐饮行业提供罐头类的食品。在有游客来乡村旅游进行参观之后,会由当地的人专门对当地的风俗习惯为游客进行讲解,让游客能更快地融入当地村民的生活当中。在餐饮方面,规定为游客提供的菜式必须要具有地方化的特色,确保菜式的简单和美味。

3. 提升整体宣传效益

行业协会还可利用灵活多样的宣传推介渠道,树立行业品牌形象,扩大乡村旅游业在社会全产业体系中的影响力,提升企业发展效益。如西班牙乡村旅游协会(ASETUR),有60%的乡村旅游业主都参与了进来。西班牙乡村旅游协会根据当地的旅游发展状况,专门建设了一个网站,为游客提供多方面的旅游信息。对各个会员的单位都进行了详细的介绍，通过网络，游客可以直接对旅游项目进行预订。此外，通过行业协会的运作，还有效将各个会员单位组织起来，实现了统一化的营销推广手段，包括预订中心、报纸广告和互联网等方式。国内的乡村旅游协会也有较好的实践案例，如广东省旅游协会结合地域特点，开展了"吃在广州"和如何丰富广州游线路的调研，通过举办"旅游文化节"，帮助乡村地区开展旅游产业发展，受到地方政府的热烈欢迎。

4. 加强监管维护权益

行业协会应成为政府、企业、游客之间的桥梁，在政府的引导下，一方面协助加强旅游质量监管，协调行业秩序；一方面进行市场调研，为政府决策提供参考。在这方面，阳曲县人民政府专门成立了阳曲县乡村旅游协会，针对乡村旅游的活动的开展积极开展工作，力图实现对乡村生态旅游景点的大力培育和开发。山西太原市乡村旅游客栈项目建设了多个试点，位于阳曲县黄寨镇上安村的青草坡乡村旅游客栈就是其中之一。在乡村旅游的推广中，构建了极富有特色的主题——"领略黄土风情、体味窑洞生活、感受篝火晚会"，以此来吸引国内外游客的前来参观。在后期的发展过程中，青草坡乡村旅游客栈取得了重大的成功，获得了游客的一致好评，也成为山西乡村旅游发展的典型。在乡村旅游持续发展的过程中，吸纳了当地众多的剩余劳动力参与到管理当中，增加了农民的收入，改善了农民的生活。生活水平的大幅度提高，使得当地的村民对乡村旅游的发展产生了极高的热情。在后期的发展过程中，阳曲县又推出了一系列新型的乡村旅游项目，包括黄土风情一日游、青龙古镇休闲游等乡村旅游线路，吸引了大量外资的参与，这对当地乡村旅游业的发展起到了重要的拉动作用。山西省乡村旅游发展应借鉴国际和阳曲县的实践经验，鼓励区县、行业成立各类乡村旅游协会，提高行业交流、合作和监督能力，探索以政府购买服务的方式，建立乡村旅游产业项目规划、实施、管理的第三方评估体系。强化乡村旅游行业的内部监管，落实政策指引，维护游客权益，提升企业效益。

二、集体管理体制

（一）集体管理体制的主要形式

1. 股份制模式

乡村旅游资源根据产权的不同，可以将其分为四种产权主体，即国家产权、乡村集体产权、村民小组产权和农户个人产权。这样在对乡村旅游资源进行开发的过程中，才能更好地实现对资源的保护，确保乡村旅游的生态环境不受到损害。在对乡村旅游进行开发的过程中，可以采用股份合作的形式来进行经营，也就是说引导国家、集体和农户个体采取合作的方式，根据资源所属主权的不同，将旅游资源和特殊技术劳动力转为股本的形式参与乡村旅游的开发。最后在对旅游收益进行分配的过程中，要按照按股分红和按劳分红的方式对最终的乡村旅游收益进行分配，不同资源的产权人按照土地、技术、劳动等入股的方式，共同参与到对乡村旅游的开发活动当中。在乡村旅游经营到一定阶段之后，开发者就可以积累到一定程度的公积金，对这部分资金的运用主要会投入到乡村旅游的扩大再生产当中，并用于对乡村旅游基础设施的建设和维护当中，并且对受到影响的乡村生态环境进行保护和恢复。

此外，乡村旅游经营所获得的公积金，还可以被运用到乡村的公共事业当中，当作对当地导游的培训资金，以及乡村旅游管理的经费来源，并且还可以对乡村社区居民进行资金激励，鼓励其积极参与到乡村旅游的开发建设中来。需要注意的是，在对股东的利益进行分配的过程中，通常会通过股金分红的形式进行。在这种乡村旅游经营和分配模式下，在乡村旅游经营的过程中，所有参与的主体，包括国家、集体及个人，都可以按照自己投入的股份获得相应的分红，以此鼓励社区居民的积极参与。

乡村旅游开发的"股份制"具有多方面的好处，可以对各方面自愿的产权关系进行明确，还可以吸收周围资金、物力、技术等多方面生产要素积极投入到乡村旅游的开发当中，实现资源的充分利用。此外，还可以将社区居民的责任、权利、利益有机结合起来，分散企业面对的风险，多方面主体可以实现乡村旅游收益的共享，增强乡村居民对生态环境保护的责任心，确保乡村旅游的健康发展。通过实行"股份制"的乡村旅游开发模式，可以帮助企业从经营管理层面真正能够独当一面，成长为自主经营、自负盈亏的市场主体。在该种乡村旅游经营模式下，当地的乡村旅游产业必定会实现良性的发展，为当地的村民带来良好的收益，带动当地产业的快速发展，实现经济发展的良性循环。

2. "农户+农户"

在乡村旅游经济发展的初级阶段，通常都会采用"农户+农户"形式的经营模式。乡村旅游在开发的初级阶段，由于对当地农户的生活会产生较大的影响，因此当地的农户对于乡村旅游的开发通常都保持观望的阶段，不愿意将自己长久经营的土地交给公司进行经营。在这种情况下，乡村旅游开发企业通常就会选择一些农户作为"示范户"，当他们在乡村旅游经营的过程中，确实收到了实际的利益之后，其他的农户就会受到"示范户"的鼓励，愿意切身参与到乡村旅游的实际开发经营当中。在"示范户"的带领和指导下，其他的农户可以学到乡村旅游经营的相关技术和经验，在经过一段时间的努力和磨合之后，"农户+农户"模式的乡村旅游模式就正式形成了。

"农户+农户"模式的乡村旅游模式具有很大的优势，主要表现在：对资金的投入量不大，并且可以对最终对接待游客的数量进行限制，防止当地乡村旅游出现游客过载的现象，保护当地最原始的生态环境免遭破坏，实现乡村旅游经济的可持续发展。同时，该种经营模式还有利于对于传统乡村文化的保存，游客不需要过多地花费，就可以切身体验到乡村传统的农耕生活，从而吸引更多的游客前来参观和体验。需要注意的是，"农户+农户"的乡村旅游模式，在经营管理上不够先进，并且受到投入资金的限制，因此在拉动当地经济发展方面所起到的作用极为有限，通常情况只能发展为小规模的农家乐形式的乡村旅游模式，难以发展为大规模的旅游经营模式。

在这种情况下，当地有关的政府部门应当对于乡村旅游的发展给予较大的支持，引导其健康的发展方向，为拉动其他产业的经济发展做出更大的贡献。

（二）村集体牵头下的乡村旅游集体管理体制

村集体自治是《村民委员会组织法》所确立的一项基本的组织原则和社会管理原则，学术界一般认为，村集体自治是农村特定社区的全体村民，根据国家法律法规的授权，依照民主的方式建立自治机关，确定行为规范，办理本社区内的公共事务和公益事业的社会自治制度。村集体自治权的内容包括选举权、决策权、管理权和监督权四大民主权利，以及村民、村集体经济组织和村民自治组织依法享有的在集体经济活动中自主经营、自我服务、自负盈亏的经济权利。其与行业协会组织最大的不同在于村集体自治可以拥有实际经营权，对参与农户进行收入分配。

1. 完善村民组织与管理制度

村集体自治组织体系主要由村民会议、村民代表会议、村委会、村民小组等组成。其中，村民会议和村民代表会议是村级事务管理系统中的权力机构，村委会、村委会下属的各专门委员会以及村民小组是常设性的工作机构。这两大类机构在村民自治体系中扮演不同角色，承担不同职能。一方面，对于村中重大事项，必须由村民会议或者村民代表会议决定，而不能由村委会决定。村民会议作出决定后，村委会负责执行。另一方面，村委会要向村民会议或者村民代表会议负责并报告工作，并接受村民会议或者村民代表会议的监督。为了防止强工作机构、弱权力机构的关系模式走向极端，使村民自治的功能得到发挥，应促使二者之间保持协调与平衡。

2. 消除公权力的不当干预

在我国村民自治的发展过程中，以乡镇行政权和基层党的领导权为代表的农村公权力往往过于强大，在缺乏约束和制约的情况下，不断膨胀和扩张，对村民自治进行不当干预，导致村民自治的空间不足。因此，有必要对农村公权力进行限制，逐步消除其对村民自治的不当干预，真正放权于社会、还权于农村，以促进村民自治的实现。

3. 落实民主监督制度

要保障村民对村里重要事务的知情权、参与权、表达权、监督权。凡由支村两委议事会议议事、村民普遍关心的重大村务及处理结果情况，如村级财务、计划生育、宅基地安排与报批、用材林指标分配、救灾救济款物发放、城镇、农村低保对象的确定、项目承包、误工补贴等情况，要充分利用村务公开，按规定时间、规定形式、规定程序如实公开，接受全体村民的监督。通过大喇叭、广播站和微信等各类媒介形成对不同类型村民的村务信息的固废，提高政务公开的准确性和全面性，鼓励村民通过合理的方式发表意见建议，提升民主监督的实时性和时效性，也提升村民自治的积极性。

4. 经营乡村社区（社群）

农村社会指的是，农业生产方式的基础之上，聚集在一定地域范围内的农村居民所组成的一种社会生活共同体。该概念的提出是与传统行政村和现代城市社区相对的。与传统的自然村落和社队村组体制来说，农村社会要具有更大的弹性。新型农村社区既不是村庄翻新，也不是简单的人口聚居，而是要为缩小城乡之间的差距做出努力，提高乡村居民的生活水平，拉动农村的经济增长，在乡村中营造一种新形式的社会生活形态，让农村人享受到城市居民同样的公共服务，在充分享受现代健康与便捷生活方式的同时，又与土地始终保持联系。

随着时代的发展，农村社区的范围和概念也在不断更新，除了农民组成的社区外，农民与外地人融合的社区以及由外地人组成的社区，比如一些具有文化感和主题性的文创村落，由于大量外地创客的进驻，带动当地的旅游产业、休闲产业发展。这一类的乡村社区需要处理好外来居民与村民之间的关系，增加社区凝聚力，形成与当地村民互动发展的乡村社区，充分发挥外来居民的先进理念，带动村民共同发展。

三、政府管理体制

政府部门主要包括中央乡村旅游管理部门和地方乡村旅游管理部门，但目前我国专门处理乡村旅游事务的政府部门较少，一般由相关旅游部门负责。中央乡村旅游管理部门是文化和旅游部，其主要职能是运用法律、经济和行政手段，对乡村旅游经济活动及其组织者进行控制、指挥、监督和管理，保证国家关于乡村旅游业发展的方针、政策、战略及规划能够实现。地方乡村旅游管理部门是各省、自治区、地（市）、县区的旅游委（局）或旅游业主管机构，其主要职能是运用法律、经济和行政手段，对本地区乡村旅游经济活动及其组织者进行控制、指挥、监督和管理，保证本地区乡村旅游业的健康发展。

乡村旅游工作是一项系统工程，需要发挥政府层面的多部门协作管理职能，实现政府横向部门和纵向层级的无缝衔接。农业、林业、水利、发改、财政、工商、公安和法院等部门协作共管。纵横有序、层级明晰、运行高效的乡村旅游体制将有利于营造优良的乡村旅游发展环境，为乡村旅游持续、健康地发展提供体制保障。

政府管理体制的构建应注重构造管理体系网络，在横向多方联动，构建顶层体制保障；在纵向延伸，通过四级管理体系提升管理效能。

（一）横向联动多部门协作

多部门沟通协作的行政管理机制是乡村旅游管理的重要保障。有助于在顶层设计、统筹推进、联合执法、跨界协作等方面（尤其是行政管理机制：在具体操作中，需要由各地方政府领导带头，强化组织领，农业、林业、水利、发改、财政、规划、公安和工商等横向多部门在乡村旅游发展方面的协作管理，各司其职，通力协作，整合配套相关政策和资金，合力推进乡村旅游发展，强化行政管理效能。

本书通过梳理总结，各相关部门可以通过以下方式配合乡村旅游的管理工作，如旅游部门牵头编制地方乡村旅游发展规划，编排乡村旅游景区（点）线路，加强市场宣传促销，加强旅游服务设施建设和旅游从业人员培训。

农业水利部门将乡村旅游纳入新农村建设和现代农业水利发展的整体布局，指导，大力发展特色旅游村镇发展休闲农业、生态农业、观光农业。

发展改革、财政部门将特色旅游村镇的基础设施建设、重点旅游项目开发纳入年度国民经济和社会发展计划统筹安排。

各类银行、银监、证监、保监部门加大乡村旅游发展信贷支持力度，适度降低旅游企业贷款准入门槛。

农办、工商、公安和法院部门加大星级农家乐的扶持培育力度，会同相关部门制订并推广乡村旅游有关的合同示范文本。

交通部门支持重点休闲农业与乡村旅游景区（点）相关乡镇、村的农村公路建设。

国土、林业部门切实帮助解决乡村旅游项目用地问题。环保部门加强对乡村旅游区（点）及周边生态景观的环境保护和治理。

住房和城乡建设规划部门有序推进旅游村镇建设和规划，加强对旅游特色村庄建设和规划的指导，加大对旅游特色村庄基础设施和公共服务设施的建设投入。

地方政府部门将具有旅游开发潜力的乡村纳入旅游特色产业发展规划，集中专项资金给予重点扶持。

其他部门要根据各自的职能，积极支持乡村旅游发展。

（二）纵向建立多层级体系

纵向多层级的乡村旅游管理体制最容易被忽略，但各个层级相互配合、高效衔接管理是乡村旅游发展的关键。乡村旅游发展得较好的区域（如湖州）均设有自上而下的多层级管理机制。

因此，要设立乡村旅游管理机构。国家、省市要推动市、县（区）、重点乡镇（街道）和村（社区）设立乡村旅游管理机构，完善乡村旅游管理队伍，做到专人、专岗。在任务分配上，逐级细化分解乡村旅游发展任务，强化层级负责制，纵向分级能够有效推进乡村旅游建设和管理工作。做好乡村旅游的领导工作，建立乡村旅游发展协调机制，重点乡镇（街道）、村（社区）要配套一名副职领导分管乡村旅游，切实做好乡村旅游组织、协调、推进各项工作。各级管理机构负责向社会公布各级旅游部门的权力事项和责任事项，并明确旅游管理的事前事中事后监管制度。

第三节 乡村旅游环境的规划管理

一、乡村基础旅游环境的规划

（一）建筑环境改造

乡村建筑具有极高的地域特色和观赏价值，是乡村旅游中给游客直观感受最为强烈的重要资源之一。因此在乡村建筑改造的过程中，要严格落实各项乡村旅游建设规范，通过废弃物清理、整治翻新乡村民居建筑、新建乡村休闲绿地等方法，保证良好的乡村建筑风貌。实施农村民居风貌改造工程，对农房的屋面、墙面、门窗进行全面改造，使之整洁美观、富有地方特色。通过"穿衣戴帽""涂脂抹粉"美化提升"裸房"美观度。从简单追求外观形式上升到构建整体可持续的美丽乡村景观风貌。在开发建设中，要尽量减少人为痕迹，保持原生态自然风格，让美丽乡村既有传统村落的古朴，也有新农村的气息，打造原汁原味的美丽乡村。

董家庄的"缘山房"富有诗意，充满田园趣味。在传统的老窑民居内，设置了别致的陈设，简单又不失雅致，整体散发出艺术与乡土的完美结合。雕塑和绘画作品通过合理的搭配，让人一眼就可以看到用心的所在。这是多位艺术家共同用心打造的一块田地，虽然是在创建初期，没有全面完工，但是所散发出来的意境已经足够吸引人们的关注。当前，"留住乡愁"的情怀已经逐渐被渗入了乡村旅游的开发和建设之中，将二者实现了完美的结合，这同时也是近几年乡村旅游景点获得成功的典型案例。缘山房别具一格的风格，正吸引着越来越多的游客，为董家庄带来了新的机遇，让我们的乡村老宅焕发出了时代的生机。做山西的文化，而且是古老的文化、打造太原的艺术村落、营造一处心灵的家园、相聚更多的艺术同行和培养青少年一代，这是山西省乡村旅游建筑景观改造的目标。

（二）景观风貌环境保持

乡村是人与自然和谐相处的体现，因此除建筑以外，乡村自然景观也是乡村核心吸引力之一。但目前乡村开发中往往忽视了对自然乡土元素的保护，需要政府制定并实施生态环境景观管护制度，通过保护乡村元素、协调自然元素、增加现代便民服务元素等措施，提升农村的乡土景观品质，使乡村成为广大农民的幸福家园和城市居民休闲度假的好去处。景观保护中主要包括乡村景观元素和自然景观元素，对这两类元素需要采取不同的保护策略。

第一，乡村元素的保护。要选择恰当的改革措施，对乡村的山水田林路全面进行综合治理，加强对自然景观的保护，包括山体、水源、森林、田园、湖泊等。同时，不断对乡村的功能进行完善，使本地的田园风光能够完美展现在世人面前。对乡村旅游水环境的保护要极为重视，采取有效的措施对乡村河道进行综合治理，维护水生态环境，保持河道的清洁。对山塘水库的治理，压迫定期进行清淤工作，对水库的容量不断进行扩张，保证水质的洁净。此外，严禁村民在池塘、湖泊和水库中投肥进行水产养殖，对水面的垃圾及时进行清理，回归水塘本来的清洁面貌。

第二，自然元素的协调。在对村落的山水进行专项治理的过程中，所采用的措施要保证生态性，房屋和围栏的构建要实现与周围山水环境的协调。采用生态环保技术对山体、河道和水塘进行保护，保证与自然环境的协调一致性。建设规划部门要严格把关，杜绝农民建房、砌围墙等与周边环境不协调的现象，避免在古建筑群中新建洋建筑，避免民族村落中建设小洋房。

（三）卫生、服务环境改善

乡村地区的卫生条件对于城市旅游者而言，是一个影响较大的因素。因此乡村地区的环境建设要围绕"洁净"一词做文章，控制环境污染源头、科学处理生产生活垃圾、创新环境净化机制、抓好农村环境整治、全面改善乡村环境，加快推进美丽乡村的建设。治理乡村环境可通过以下举措来推行：

1. 控制垃圾源头

对乡村旅游中产生的生活垃圾的处理，要引导村民对垃圾进行分类，对可以循环利用的收集起来，不能再利用的就地消化。华容县五星村对垃圾的处理采用了"三池合一"的做法，提倡垃圾不出户处理，成为很多乡村旅游地的典型借鉴措施。要设置垃圾回收箱，专门收集农业生产过程中产生的垃圾，尤其是对农药瓶、塑料地膜等生产资料废弃物，更要加强管控措施，防止产生大面积的污染情况。要设置定点的堆放地点，对建筑建设产生的垃圾进行处理。

此外，在医疗过程中产生的垃圾，要做好相应的回收处理工作，防止医疗污染情况的出现。重点提升乡村旅游经营单位的餐饮、住宿游览、娱乐、购物、停车场所卫生水平，整改场地脏乱、餐饮加工和就餐环境不卫生、住宿场所卫生设施和环境不整洁、停车场所坑坑洼洼及垃圾乱丢弃、污水乱排放、家禽家畜乱排便等影响环境卫生的问题，做到"三无"：无暴露垃圾、无卫生死角、无乱堆乱放。

2. 科学处理废弃物

根据乡村旅游地水文环境的不同，针对产生的垃圾和污水问题，要采用科学的方式进行处理，防止二次污染情况的出现。如果村落的位置聚集城镇较近，那么在对垃圾和污水处理的过程中，就要充分实现对城镇垃圾和污水处理设备的运用，集中对其进行处理，防止其对生态环境的污染。对于那些地理位置较为偏僻的乡村来说，则可以通过采用"四池净化"方式和建"沼气池"的办法，来对生活中产生的污水进行处理。对于生活垃圾的处理，则可以采用填埋和焚烧的形式进行处理。要大力推行卫生厕所的兴建，满足游人的需求，兴建"化粪池"，提高对人畜粪便的有效处理。在对垃圾和污水处理的过程中，要大量采用高新技术处理设备，减少处理垃圾过程中对生态环境造成的损害，实现对废纸、玻璃、金属等可回收垃圾的再次循环利用，加快实现对农村垃圾的无害化处理的实现。

3. 创新垃圾处理机制

2022年住房和城乡建设部等6部门《关于进一步加强农村生活垃圾收运处置体系建设管理的通知》中指出，以县（市、区、旗）为单元，根据镇村分布、政府财力、人口规模、交通条件、运输距离等因素，科学合理确定农村生活垃圾收运处置体系建设模式。城市或县城生活垃圾处理设施覆盖范围内的村庄，采用统一收运、集中处理的生活垃圾收运处置模式；交通不便或运输距离较长的村庄，因地制宜建设小型化、分散化、无害化处理设施，推进生活垃圾就地就近处理。在县域城乡生活垃圾处理设施建设规划等相关规划中，明确农村生活垃圾分类、收集、运输、处理或资源化利用设施布局，合理确定设施类型、数量和规模，统筹衔接城乡生活垃圾收运处置体系、再生资源回收利用体系、有害垃圾收运处置体系的建设和运行管理。

充分利用农村地区广阔的资源循环与自然利用空间,抓好农村生活垃圾源头分类和资源化利用。在经济基础较好、群众接受程度较高的地方先行开展试点,"无废城市"建设地区的村庄要率先实现垃圾分类、源头减量。根据农村特点和农民生活习惯,因地制宜推进简便易行的垃圾分类和资源化利用方法。加强易腐烂垃圾就地处理和资源化利用,协同推进易腐烂垃圾、厕所粪污、农业生产有机废弃物资源化处理利用,以乡镇或行政村为单位建设一批区域农村有机废弃物综合处置利用设施。做好可回收物的回收利用,建立以村级回收网点为基础、县域或乡镇分拣中心为支撑的再生资源回收利用体系。强化有害垃圾收运处置,对从生活垃圾中分出并集中收集的有害垃圾,属于危险废物的,严格按照危险废物相关规定进行管理,集中运送至有资质的单位规范处理。推进农村生活垃圾分类和资源化利用示范县创建工作,探索总结分类投放、分类收集、分类运输、分类处置的农村生活垃圾处理模式。

生活垃圾收运处置体系尚未覆盖的农村地区,要按照自然村(村民小组)全覆盖的要求,配置生活垃圾收运处置设施设备,实现自然村(村民小组)有收集点(站)、乡镇有转运能力、县城有无害化处理能力。已经实现全覆盖的地区,要结合当地经济水平,推动生活垃圾收运处置设施设备升级换代。逐步取缔露天垃圾收集池,建设或配置密闭式垃圾收集点(站)、压缩式垃圾中转站和密闭式垃圾运输车辆。因地制宜建设一批小型化、分散化、无害化的生活垃圾处理设施。

(四)增加现代便民服务元素

例如架设节能路灯、设立乡村旅游景点与服务设施指示牌,对大型的墙体广告标牌予以清除,保证村容的整洁。此外还要对商业经营场所的招牌进行规范化设置,实现乡村的整洁和美观。对农村进行网络改造的过程中,要对当地的资源进行全面的整合,对农村内各种管网的设置要做到规范并且有序。

(五)提升人文环境

乡村旅游中,人的因素不可忽视。乡村性不仅仅体现在建筑与自然间,更体现在人文环境里。乡村地区美好的人文情怀和高素质的旅游服务是乡村旅游品质化发展的关键。提升人文环境可通过以下举措来推动。

引导村民崇德向善、见贤思齐、邻里守望互助,促使整个乡村风醇厚,淳朴民风与人文之美相映生辉。众所周知，运城是关公的故里，在每年的十月份，这里都要举办名为"关公文化节"的大型旅游节庆活动。每年开幕式的活动都会请专业的人员进行设计，确保开幕式的精彩与浩大的声势。在节庆活动过程中，会举办气势恢宏的"金秋大祭"、设祭坛、齐三牲、鸣古乐、着古装等活动，整个活动过程形式独特，气氛浓厚，吸引了国内外大量的游客前来参观和游玩。此外，还将有多次出访国外，令国际龙人倾倒的天下第一鼓的绛州鼓乐和参加第七届亚运会闭幕式的绛县"飞龙"等文艺表演，它将让您领略关公故乡的民间文化风采和关公文化的底蕴。

二、乡村旅游景点环境设计

由于城市的喧嚣、竞争的压力、钢筋水泥的压抑，人人都有返璞归真的欲望，向往"采菊东篱下，悠然见南山"的怡然自得的田园生活。但假如真的移居空气清新、依山傍水的郊外，又不免会怀念起都会的摩登和繁华。可无论身处喧嚣城市还是宁静乡村，"家"永远是梦想的发源地。

田园生活最吸引人之处，在于宁静的休闲空间，可以放松精神，这与家居设计的理念不谋而合。于是，充满着户外气息和大自然味道的田园风格设计便被引入了乡村旅游点总体设计之中。随着乡村旅游业的深入发展。我国乡村旅游呈现出一些新的发展趋势，比如"乡土化、多样化、品牌化、规范化、国际化"已经成为旅游经营者的共同目标；由生态观光向休闲度假转型；与新农村建设相协调；与"低碳旅游"的发展相适应；与休闲农业相结合；等等。这就要求乡村旅游点在环境设计上必须与此相适应。

简洁大方的布置，纯正、淳朴的乡土色彩。在乡村旅馆的装潢风格上有了很好的运用，田园风格不讲究细腻做工，却注重质朴的自然美，对木材的原有木纹和色泽，不加任何装饰和覆盖。

清新的田园风倡导"回归自然"，美学上推崇"自然即美"，在今天环保意识增强、强调无污染的情况下，这种简朴风又有回潮趋势。随着人们对于生态环保问题的关注，很多先进的生态生活方式逐渐进入到人们的生产和生活当中，日益影响着人们的思想观念。因此，乡村旅游在开发建设的过程中，也可以将"低碳"作为旅游的主题，构建低碳的旅游基础设施、旅游体验环境、乡村旅游产品等，倡导游客进行低碳消费，将"低碳"作为乡村旅游的特色，满足游客的"低碳"需求，进而吸引大量的游客前来参观和体验。

"2010 长三角乡村旅游论坛"引入"低碳"概念，呼吁业界人士从应用绿色低碳的资源开发模式做起，将环境保护和旅游业发展作为平行目标，使乡村旅游业得到文明健康的发展，同时呼吁市民爱护地球。以低碳、绿色、生态的旅游方式出行。随着"低碳"理念的倡导。乡村旅游将朝着"低碳"；方向发展，与"低碳旅游"的发展相适应。

（一）乡村旅游点外环境设计风格

"漠漠水田飞白鹭，荫荫夏木啭黄鹂。"这是唐代诗人王维笔下的水乡之景，也是很多人梦想中的生存意境：放眼望去是潺潺的流水，道旁的水车吱吱呀呀地转，耳侧回响短笛牧歌。毫无疑问，田园，是人类的心灵故乡，那些流动的水、盛开的花、清新的空气、芬芳的泥土是那样的温暖和熟悉，令疲惫的身心得到真正的慰藉和放松乡村之美，应该是一种恬静的美、淡雅的美。乡村旅游环境设计应该传承这种自然美。

（1）建筑。建筑物具有地方特色。建筑风格必须与当地民宅风格相一致，充分体现当地民俗民风，实现与周围环境的和谐统一，全面展现自然的美感。例如，在建设房屋的过程中，可以采用青砖黑瓦的材质来对房屋进行设计和搭建。江南乡村多竹，可充分利用得天独厚的竹资源进行营构建筑，体现中国竹乡特色。檐下挂上串串红灯笼，渲染一种安静祥和与喜庆的情调。在门前的庭院内，可以搭起整齐的藤架，然后再种植一些农家瓜果植物，选择恰当的枯藤景石搭建雅致的盆景放置的院落各处，使小院整体上朴实与优雅共存。此外，农家小院少不得要添加一些传统农具，显示出农耕生活的风土人情，凸显当地的文化特色。例如，犁、蓑衣、水盆、水桶、风车、磨子等。窗边挂满辣椒、玉米瓜果等农产品，象征丰收的景象，呈现真正的山地乡村特色，让客人身临。

（2）门前屋后。在门前屋后的小路上也要进行装饰，最普通的就是在上面铺设鹅卵石，直至延伸到小树林或是竹林当中，整体构造成静谧、幽深的感觉。将几把特制的竹椅，摆放在林中搭建的茅草屋下的亭子里，专供游客进行休息或是聊天喝茶使用，聆听涓涓流水和鸟儿鸣叫的空灵；搭建竹制的篱笆墙，将兰草菊花等种植在篱笆脚下，然后在篱笆内再种上应时的四季瓜果蔬菜，整体上带给人郁郁葱葱的感觉，让人感到一片农家生机，让前来居住或参观的游客真正体验到乡村田园生活的温馨和浪漫。

（二）旅游景点内环境

1. 旅游景点内环境的设计方法

（1）轴线法。轴线法是常用的旅游景点内部环境设计方法。任何设计方法无非是不同要素之间的组合形式。轴线结构可以让人从视觉上获得强烈、明显的视觉效果，所营造出来的景观效果具有由规则式，带给人的景观感觉更加庄重、开敞和明确。通常情况下，使用轴线法对旅游景点进行设计，其特点是由两条相互垂直的直线组成，在全局的景点结构上形成"十字架"的构图形式。

然后在两条主轴线上再派生出多条次要的轴线，通常最终会形成左右结构的对称，呈现垂直或是放射状分布。甚至有的在使用轴线法对景点布局的过程中，还会呈现出上下、左右对称的情况，其最终的布局结构会带来强烈的视觉冲击性。一般来说，那些大型、庄严气氛的旅游景观类型在对园林进行布局的过程中，通常会选择轴线法来对旅游景点进行布局。

（2）山水法。中国古代山水欣赏理念为代表的自然、舒适风格的景观设计就是景观设计的典范。日本以及亚洲其他国家的乡村景观普遍沿用这种技巧。17世纪以后，英国等其他欧洲国家受中国自然山水园的影响，也多有采用。

山水法造景，一般"地势自有高低"，那么"高方欲就亭台，低凹可开池沼"；即使原地形较平坦。也"开池浚壑，理石挑山"。用一句话概括，"挖湖堆山"法。"构园无格，借景有因"。所以，山水法的园林布局"巧于因借"，"精在合宜"。因借，"借"者，"园虽别内外，得景则无拘远近"。借外景，也就是"晴峦耸秀，绀宇凌空，极目所至，俗则屏之，佳则收之，不分町疃，尽力为烟景，斯所谓巧而得体者也。"《园冶》的这段关于"借"的论述有几层意思：一是借景可分园内借和园外借；二是凡视线所及，皆能成景。

（3）综合法。综合法也是人们在对旅游景观进行设计的过程中经常会使用的一种构景方式，由于该方法处于轴线法和自然山水法之间，因此又被称为是混合景观。随着我国改革开放的不断深入，西方的旅游景观设计的方式也不断流入我国，与我国传统的构景方式相融合，二者取长补短，在实践的过程中可以使景区的构景显得更加灵活多样，夺人眼目。

由于文化交流、思想沟通逐渐深入，科学日益进步，社会不断发展，现代文化生活趋于近似。中国近代、现代城市公园的设计，逐渐形成现代中国自然山水景观风格。

2. 旅游景点内环境设计的主要要素

（1）堂屋。堂屋（客厅）是客人比较关注的场所之一，沙发和茶几是堂屋待客交流及游客欢聚畅叙的物质主体。烘托出宾主和谐、融洽的气氛。因此堂屋在设计时应该凸显地方特色。例如，可以将对联贴在堂屋的大门上，为屋子增添节日的气氛。要确保堂屋的光线充足，可以将一些书画作品或是本地的风景照片布置在四周的墙壁上，尽显美观与大方。在堂屋摆放具有当地特色的农家桌椅，供游客进行休息，将乡村旅游景点的宣传物品和服务项目价目表，以及景点的介绍、交通工具的时刻表等摆放在堂屋明显的位置上，便于游客的查阅和出行。

（2）堂屋的装潢设计。根据游客的喜好，可以将堂屋的设计风格进行多元化设计。总体上来看，堂屋的设计风格可以分为传统和现代两种方式。其中，传统的装修风格主要是将传统装饰的形式和神韵运用到室内的布置、线型、色调、家具及陈设的造型等方面。而对于现代装修风格来说，在主题设计上注重自然流畅的空间感，秉承简洁和实用的原则，实现人与空间的完美契合。

从堂屋的采光设计上来看，白天主要是以自然采光为主，晚上则是通过人工照明的方式来进行采光。这也是现代建筑采光设计的主要形式。

在对堂屋进行装潢设计的过程中，最为重要的一点是，装潢风格必须要体现出主人的个性。对于房屋的装潢，不仅要考虑到实际的日常用处，还要考虑到游客的生活习惯、审美观和文化素养，这都要在进行装潢之前就考虑周全。

（3）客房设计装潢。在对客房进行设计装潢的过程中，要注重功能与形式的统一，体现简明、优雅、舒适的设计风格。设计师在对客房进行设计的过程中，可以追求时尚，但不要显示出浮躁的设计，从整体上打造轻松浪漫的感觉，让使用者可以放松身心。在客房装潢的使用材料上，可以选择将多元化的材料相融合，大胆运用几何造型，体现出韵律感和灯光造型的立体化呈现。在卧室空间的设计上，主要营造一种温馨柔和的氛围。卧室设计的重点应当放在床头背景墙上。

在设计的过程中，可以采用点、线、面等要素有机结合的方式来进行装潢，从整体上确保造型的整体统一性，典雅又不失新颖。采用含蓄、淡雅的理念来对窗帘帷帐进行布置，在微风的吹拂下，展现树木花草轻柔摇曳的风姿，为游客展现一种温馨的气息。客房灯光的设计也是装潢关注的重点，对灯光的摆放要从多个不同的角度进行设置，体现灯光的立体造型，展现生活的丰富多彩。

总之，乡村旅游点人文建筑艺术与居住环境的美化具有深刻的内涵，实际上，一切有关整体文化环境知识对于发掘乡村建筑环境艺术文化都是有益的，例如关于历史、地理、民风民俗，等等乡村旅游点内外环境的布置与装潢既要传承传统又要结合现代，其中还有很多值得我们深挖的内容。

第四节 乡村旅游管理政策优化

一、政策要素在乡村旅游中作用

（一）保证资金供应

资金是制约行业发展的根本性问题之一，在乡村地区旅游产业发展的过程当中，资金扮演的角色十分重要。农村地区基础设施建设薄弱，吸引投资的能力有限，因此，国家的政策引导与支持成为乡村地区发展旅游产业资金来源的最可靠保障。如果没有国家的政策保障，农村地区旅游发展很难开展，资金缺乏导致特色旅游资源难以得到开发。

（二）提升基础设施建设水平

基础设施是旅游发展基础性保障要素之一。就旅游行业而言，基础设施主要包括交通设施、环境卫生设施、通信设施以及旅游景点周边服务设施等，如果这些要素得不到发展，旅游活动发展的基础得不到保障。在国家政策的引导和支持下，农村地区的交通条件、环境卫生条件、通信条件以及服务条件能够得到很好的改善。

（三）保证农村旅游用地

乡村旅游是当前和今后旅游业发展的重点领域，也是旅游产业增值的关键抓手。土地政策对乡村旅游的影响渗透到乡村旅游发展的整个过程和全部层面，乡村旅游发展也在一定程度上推动着农村区域土地政策的完善。在不突破用地红线的大前提下，通过积极推进乡村旅游用地改革、拓宽用地审批渠道、加大用地供应、促进土地集约高效利用等措施，将有效解决农村土地使用分散性和旅游经营集中性的矛盾，支撑促进乡村旅游的快速发展。

二、政策扶持，促进农村旅游发展

（一）财政引导，改善农村旅游发展的物质基础

1. 加强财政资金支持

首要任务是争取专项拨款，争取国家和省市加大财政资金扶持力度，设立乡村旅游发展专项资金，主要用于项目规划、形象推广、市场开拓、设施建设等。积极策划和筹备一批既符合国家、省市投资重点，又体现当地特色的乡村旅游项目，争取专项奖励与补助资金。

在此基础上，统筹利用多类资金，包括国家和省市级支持服务业、中小企业、新农村建设、林业发展、环境保护、乡村振兴、文化遗产保护以及其他与旅游业相关的专项资金，打好政策组合拳，对符合条件的旅游项目予以倾斜。各类农业示范基地、水利风景区、森林公园、文化体育等建设资金要注重与重点乡村旅游项目建设融合使用。

与此同时，建立资金使用管理绩效评价机制，逐步将重点乡村旅游区的农村公路养护、环境整治、基础设施建设（水、电、宽带、停车场、厕所）等资金纳入地方财政预算，中央财政给予差异化奖补，推动各级政府实行资金使用管理绩效评价机制，完善预算编制管理，将绩效目标作为申报项目预算的前置性条件，提升财政资金使用效能与规范性。

2. 引导市场资本进入乡村旅游产业

通过采取以下各种方式，激活社会金融资本，引导和支持社会金融资本参与乡村旅游开发建设。

强化政策奖励引导。充分发挥财政资金引导作用，以及各类旅游资源交易平台的产权交易和投融资功能，以先建后补、业绩奖励、风险补偿、贷款贴息等方式，吸引社会资本兴办各种乡村旅游开发性企业和实体。

设立乡村旅游投资基金。支持财政和大型企业、金融机构联合建设乡村旅游投资产业基金，引导更多社会资本投入乡村旅游产业要素的提升改造、旅游产业融合和新业态新产品开发，以及重大乡村旅游项目和重要旅游服务设施建设，推进乡村旅游产业转型升级。

推广 PPP 投融资模式。支持企业与政府、社会资本合作，政府采用选择合适的社会资本方，并指定乡村旅游项目建设实施单位，三方共同组建

项目公司（SPV），开展乡村旅游项目的规划、设计、投融资、建设、运营投资、建设、运营，对社会资本进行回报，并将政府的支出责任纳入财政预算。

鼓励农民集资入股。鼓励农村集体以土地的租赁、承包、联营、入股合作等方式，参与乡村旅游投资开发。探索农户以房屋、土地、果蔬园等入股，参与农家乐、果蔬采摘园、休闲农庄等乡村旅游项目建设经营。改革乡村旅游景区（点）经营体制，引进社会资本，优化提升一批具有影响力和竞争力的乡村旅游景区（点）。

鼓励本土实力企业拓展旅游业务。重点引导本土有实力的企业拓展乡村旅游投资开发类业务，或向乡村旅游方向转型。鼓励其投资休闲农业与乡村旅游景区（点）、旅游项目、商业网点以及服务接待、交通运输等设施的建设和经营。

3. 加强银行、金融机构信贷支持力度

国务院多次提出"加大对小微旅游企业和乡村旅游信贷支持"的指示，各地方可通过四大举措落实乡村旅游的信贷支持政策。

发放政策性优惠贷款。乡村地区可将休闲农业与乡村旅游纳入旅游开发贷款扶持范围。鼓励地方政府与农业银行、农村信用联社、农业发展银行、邮政储蓄银行等金融机构，达成"乡村旅游发展贷款项目"合作协议，发放低息、周期长的政策性优惠贷款，支持乡村旅游投资建设。

鼓励金融机构创新贷款产品。鼓励商业银行、保险公司等金融机构开发面向乡村旅游的信贷、保险产品，如农家院贷款产品、小微民宿贷、金融众等，在信贷的投放上要逐渐扩大投放力度，支持乡村旅游企业的发展，适当降低其贷款的要求标准，鼓励乡村旅游产业的发展。

鼓励开展小额担保贷款业务。针对乡村旅游企业和中小旅游企业的贷款，要制定专门的贷款政策，成立相应的贷款担保机构，全面支持乡村旅游产业的发展，为经营休闲农业与乡村旅游项目的农户提供担保服务，鼓励其对小额担保贷款的申请，由政府出面，对其给予一定费用的补助，或是通过制定优惠政策的方式鼓励乡村旅游小额贷款的发展。此外，还可以采用互助联保的方式，来鼓励乡村旅游经营户进行小额融资。

开展多样化的抵押贷款业务。鼓励各大金融机构开展乡村旅游抵押贷款业务，扩大乡村旅游的贷款抵押范围，包括旅游企业建设用地、门票抵押、景区开发权抵押、水域滩涂养殖使用权抵押、林权抵押、养殖物抵押等，扩大乡村旅游的融资渠道和规模。

4. 税收优惠，改善农村旅游发展环境

完善乡村旅游所得税优惠政策。制定鼓励大学生到乡村旅游企业就业的个人所得税和企业所得税减免的政策；适时将乡村旅游农户所得税的税收优惠政策的受惠时限改为"从开始获利的年度起"；因地制宜地根据乡村旅游淡旺季调剂税率、实行营业税优惠政策；对从事乡村旅游的符合条件的小型微利企业，按规定执行小型微利企业所得税优惠政策。

完善地方税收优惠政策。对土地流转入股参与到乡村旅游开发的农户，减免营业税；对于改善农村和农业的水、电、路、通信工程的企业适当进行税收减免，改善乡村旅游企业发展环境；经批准改造的废弃土地和开山整治的土地，从使用的月份起免缴 5 年的城镇土地使用税；对利用个人出租住房经营乡村旅游的，免征印花税；对经营采摘、观光农业等乡村旅游项目的单位和个人，其直接用于采摘、观光的种植、养殖、饲养的土地，免征城镇土地使用税等。

（二）改善乡村旅游发展基础环境

1. 拓展融资渠道，增加资金来源渠道

在乡村旅游发展上，政府应制定专项的政策措施，增加财政预算拨款，同时制定多项税收优惠措施，为乡村旅游的开发提供财政补贴和贷款补助，为乡村旅游的发展解决缺少资金的问题。

在具备多项旅游资源，适宜发展乡村旅游的地区，建立专项旅游整合机制。扩展乡村旅游资金的渠道来源，加入政府扶持资金、银行贷款资金、社会投入资金和个人投资，为乡村旅游的发展提供强大的资金保证，确保乡村旅游的顺利实行。此外，相关部门还需要将不同来源渠道的资金进行全面的整合，提高对资金的使用效率，设立专项乡村旅游产业发展基金，实现对资源的全面整合，实现资源效用的最大限度发挥。

为乡村旅游的发展设置专项优惠政策。对相应的金融机构进行协调，针对乡村旅游的贷款利率要求适度进行下调，针对乡村旅游贷款需求建立专门的小额贷款渠道，设置低息贷款政策，并延长贷款的时间。针对特色资源地区扶植乡村旅游的企业，在乡村旅游实际运营的过程中，降低所提供的旅游产品和服务的各项税费，全面支持乡村旅游的发展。

拓宽乡村旅游融资渠道，鼓励社会资本的参与。在乡村旅游开发的过程中，允许社会各界资本的投入，引起社会各界对乡村旅游的关注，加大对乡村旅游发展地区的各项资源投入，切实拉动乡村旅游的发展。

2. 依托地区特色，培育区域特色产业

在对农村地区的经济发展进行扶持的过程中，必须要因地制宜，在当地自身拥有资源的基础之上，开展专项性的政策和资金帮助。对乡村地区的资源进行全面的研究，确定在扶植旅游发展过程中所需要的资源，然后以旅游开发企业为抓手，对乡村地区旅游发展缺少的资源进行全面的培育，包括种植业、养殖业、副食品加工业、手工艺品加工业等，以此来构建完整的乡村旅游产业链，确保乡村旅游旅游项目的顺利实施。

扶持乡村地区乡村旅游的发展，为其构建完整的产业支撑，具有多方面的优势。第一，可以增加旅游产品的本地特色，提高本地产品的自给功能，从而降低旅游经营成本，提高乡村旅游产业的收益，增加当地农民的收入。第二，可以提高旅游农村地区产品的附加值，积极引导当地的农民参与到乡村旅游的建设中，在乡村旅游经营的过程中，可以切实为当地的村民带来经济上的益处。

（三）土地改革，为乡村旅游发展提供基础性保障

1. 改革乡村旅游用地制度

发展乡村旅游，会涉及大量的农村集体土地和少量国有土地。农村集体土地包括农民集体所有的农用地、未利用地、宅基地、公益性公共设施用地和经营性用地，以及农民集体使用的"四荒地"和农民集体经济组织所有的"四荒地"等。

乡村旅游发展可用的少量国有土地包括城郊、林地等，对国有土地的出让方式进行调整。一般来说，国有土地出让的调整方式主要有两种。第一，综合技术标，在土地实际进行出让之前就对该地所具有的功能进行全面的布局，然后在此基础上对想要投标的企业进行综合评定。第二，如果土地的购买者想在该土地上发展乡村旅游项目，那么在土地的出让价格上可以给予购买者更多的优惠，并且在招商项目选择中，要给予乡村旅游项目更大的发展空间。

此外，重点旅游市、县还应积极推广借鉴浙江、桂林等地的做法，选择重点旅游市县区开展改革试点建设。改革试点方向有：城乡建设用地增减挂钩试点，坡地村镇建设用地、点状供地、闲置宅基地整理结余的建设用地可用于休闲农业，乡村旅游项目中未改变农用地、未利用地用途和功能、未固化地面、未破坏耕作层的生态景观用地，可按实际地类管理，不办理农用地转用手续等。

2. 拓宽乡村旅游用地审批渠道

乡村旅游用地审批渠道并不是单一的，可以通过各级政府的灵活处理而得以拓宽。如规划乡村旅游用地需求，由乡村旅游领导小组出面与国土部门协调或报市政府，提前对乡村旅游用地予以审批；各区（县、市）国土资源部门每年拿出一定的乡村旅游用地指标，由旅游局根据乡村旅游规划、根据轻重缓急进行审批；对重大乡村旅游项目，积极纳入上级行政单位旅游重点项目，向上级行政单位申请用地审批；发展乡村旅游涉及建设永久性餐饮、住宿用地的，支持依法办理农用地转用等审批手续等。

3. 提高乡村旅游用地供应总量

乡村旅游的开发建设用地需求量大，乡村旅游用地供应总量缺失需要采取政策措施来解决，以提高用地供应总量。本书认为主要包括三类措施。

首先，预留或增加用地指标，为旅游配套的公益性城镇基础设施建设用地按照划拨方式提供，编制和调整各地方城乡土地利用总体规划、城乡规划时，充分考虑休闲农业项目、乡村旅游项目、旅游公共设施的空间布局和建设用地要求，并给予指标倾斜。重点旅游市县每年安排切块用地指标不少于10%用于乡村旅游项目建设（如浙江省湖州市安吉县出台规定"每年安排切块用地指标不少于15%用于乡村旅游项目建设"）。

其次，加强荒地开发利用，海域、水域、滩涂区域要优先发展垂钓、渔家乐和养殖观光旅游，鼓励开发利用荒山、荒地、荒滩及石漠化、边远海岛等土地。

最后，要协调重点项目用地，采取重点项目清单制度，将需要建设用地指标的重大乡村旅游项目纳入建设用地协调清单，与土地利用总体规划、土地利用年度计划进行对接与协调。尝试利用附属设施用地以及配套设施用地建设露营地、旅游服务设施等，加大旅游用地供给。

4. 促进乡村土地集约高效利用

节约集约利用土地是我国土地管理的一项最基本的规定，也是有效保障乡村旅游用地的一种方法。本书认为应从四大方向着手，确保乡村土地的高效集约利用：

一是要统一规划建设。探索发展由村集体统一收购（租用）、统一管理闲置农房的模式，统一规划利用闲置农村宅基地，共享公共设施用地，减少重复建设与浪费，鼓励发展树屋、森林氧吧、帐篷营地、房车营地、亲子乐园等占地需求较小的旅游项目。

二是要专业开发运营。吸引专业公司开发、经营进入门槛相对高的乡村旅游项目，如精品民宿、度假农庄等，保障乡村土地的集约化利用。

三是要存量用地盘活。对于已批未建或建设缓慢的乡村旅游用地项目，要积极盘活，严格督促项目开发建设进度，执行建设用地逾期未建设即收回的机制，提高每一寸农村土地的利用效率。

四是要争取一地多用。充分利用新农村建设、生态建设、农田保护整治机会，探索旅游"一地多用"方式，将乡村公共设施用地与旅游服务用地相结合，最大程度地节约、集约农村地区的土地资源。开发未利用地，引导乡村旅游企业参与土地整理，实现旅游发展、土地利用的双优化；在现有农村用地中植入旅游化、景观化理念，打造稻田艺术、花卉迷宫、特色村落等不占建设用地的乡村旅游项目。

第六章 乡村旅游的发展的保障体制构建

在当前国内扩大内需的形势下,乡村旅游成为我国农业经济发展新业态的重要力量,其可持续发展需要一系列保障要素来保持。本章对我国乡村旅游的管理体制保障、政策制度保障和资金保障进行剖析,探索通过建立健全乡村旅游管理体制,落实各项政策制度,拓宽投融资渠道等来保障乡村旅游的发展。

第一节 乡村旅游管理体制保障

乡村旅游活动不仅涉及游客的旅行和游览活动,还涉及乡村旅游行业的服务活动、乡村旅游企业的经营活动和整个乡村旅游经济运行等。这些活动的有效进行离不开健全完善的管理体制保障。建设乡村旅游产业的高效管理体制,能够有效地释放乡村旅游对乡村经济、社会、环境等各方面的带动作用,对真正实现社会主义新农村建设有着重大意义。

乡村旅游管理体制是指国家对乡村旅游企业或相关部门进行规范、引导与协调的方式,其管理主体主要包括政府部门、行业协会和村集体组织。

一、政府管理体制

乡村旅游工作是一项系统工程,离不开政府层面的多部门协作管理,以及农业、林业、水利、发改委、财政、工商、公安和法院等部门协作共管,从而实现政府横向部门和纵向层级的无缝衔接。纵横有序、层级明晰、运行高效的乡村旅游体制将有利于营造优良的乡村旅游发展环境,为乡村旅游持续、健康地发展提供体制保障。因此,政府管理体制的构建应注重构造管理体系网络,横向多方联动,构建顶层体制保障;纵向延伸,通过四级管理体系提升管理效能。

(一)横向联动多部门协作

多部门沟通协作的行政管理机制是乡村旅游管理的重要保障,有助于在顶层设计、统筹推进、联合执法、跨界协作等方面优化行政管理机制。在具体操作中，需要由各地方政府领导带头，强化组织领导，推进旅游部门与农业、林业、水利、发改委、财政、规划、公安和工商等多部门在乡村旅游建设方面的横向协作管理，各司其职，通力协作，整合配套相关政策和资金，合力推进乡村旅游发展，强化行政管理效能。

通过梳理总结，各相关部门可以通过以下方式配合乡村旅游的管理工作，如旅游部门牵头编制地方乡村旅游发展规划，合理编排乡村旅游景区（点）线路，增强市场营销宣传力度，加强旅游服务设施建设和旅游从业人员培训。

住房和城乡建设规划部门有序推进旅游村镇建设和规划，加强对旅游特色村庄建设和规划的指导，加大对旅游特色村庄基础设施和公共服务设施的建设投入。

国土、林业部门切实帮助解决乡村旅游项目用地问题。农业水利部门将乡村旅游纳入新农村建设和现代农业水利发展的整体布局，对特色旅游村镇发展休闲农业、生态农业、观光农业进行指导和扶持。

国家发展改革委、财政部门将特色旅游村镇的基础设施建设、重点旅游项目开发纳入年度国民经济和社会发展规划并进行统筹安排。

各类银行、银监、证监、保监部门加大对乡村旅游发展信贷的支持力度，适度降低乡村旅游企业贷款准入门槛。

农办、工商、公安和法院等部门加大对星级农家乐的扶持培育力度，会同相关部门制订并推广与乡村旅游相关的合同示范文本。

交通部门支持重点休闲农业与乡村旅游景区（点）相关乡镇、村的农村公路建设。

环保部门加强对乡村旅游区（点）及周边生态景观的环境保护和治理。相关部门将具有旅游开发潜力的村镇纳入旅游特色产业发展规划中，集中各类资金给予扶持。

其他部门要根据各自的职能，积极支持乡村旅游发展。

（二）纵向建立多层级体系

纵向多层级的乡村旅游管理体制容易被忽略，但乡村旅游发展离不开各个层级的相互配合和高效的衔接管理。乡村旅游发展得较好的区域（如浙江省湖州市）均设有自上而下的多层级管理机制。因此，发展乡村旅游，要设立多层级的乡村旅游管理机制。国家、省市要推动市、县（区）、重点乡镇（街道）和村（社区）设立乡村旅游管理机构，完善乡村旅游管理队伍建设，做到专人专岗。在任务分配上，纵向分级能够有效推进乡村旅游建设和管理工作，要逐级细化分解乡村旅游发展任务，强化层级负责制。做好乡村旅游的领导工作，建立乡村旅游发展协调机制，重点乡镇（街道）、村（社区）要配套一名副职领导分管乡村旅游工作，切实做好乡村旅游组织、协调、推进等各项工作。各级管理机构负责向社会公布各级旅游部门的权力事项和责任事项，并明确乡村旅游管理的事前、事中、事后监管制度。总之，横纵联合的政府管理网络是保证乡村旅游管理工作有效落实的体制保障。

二、行业协会组织

乡村旅游行业协会组织是政府和企业之间的市场中介组织，是乡村旅游行业利益的代表。不同于国家政府部门，乡村旅游行业协会根植于基层，贴近乡村实际，在标准制订、监督评估等方面比政府组织具有更大的优势。其主要职能是协助政府管理乡村旅游市场，保护乡村旅游业的合法权益，推动形成乡村旅游行业自律机制。国际乡村旅游协会组织十分活跃，在乡村旅游发展中发挥着不容忽视的作用。

20世纪50年代以来，各国纷纷成立相关旅游协会，如法国农会，罗马尼亚的乡村、生态和文化旅游协会和爱尔兰的农舍度假协会等。经过半个世纪的发展，这些国家已形成相对成熟的协会体系，极大地促进了本国乡村旅游的规范化建设和发展。

然而与国外的乡村旅游协会组织相比，我国的国家级乡村旅游协会组织数量较少，而且大多依托旅游协会组织而存在，如中国旅游协会下设休闲农业与乡村旅游分会等。可喜的是，我国部分地区也开始重视行业协会在乡村旅游发展中的作用，地方乡村旅游协会百花齐放。浙江省湖州市长兴县水口乡乡村旅游协会已成为中国乡村旅游行业自律组织的典范和标杆。

但从总体上来说，国内乡村旅游协会的发展才刚刚起步，发挥的作用也很有限。大多数地区的乡村旅游协会的职责定位为协助旅游行政管理部门对乡村旅游地区的旅游资源和旅游市场进行开发利用，并没有很好地发挥其标准制订、监督评估等方面的作用。因此，乡村旅游协会应在出台标准规范、搭建合作平台、加强宣传推广和协助旅游监管等方面发挥独特优势，推动我国乡村旅游健康发展。

（一）出台行业标准规范

乡村旅游行业协会具有贴近旅游市场以及行业动态的优势，在探索制订与乡村旅游相关的技术标准、开展乡村旅游企业评级活动、实现对乡村旅游行业的标准化引导等方面具有突出贡献。

例如，法国农会常设委员会（APCA）于 1988 年设立了农业及旅游接待服务处，并结合法国农业经营者工会联盟、国家青年农民中心和法国农会与互助联盟等专门农业组织，建立了名为"欢迎莅临农场"的组织网络。APCA 与农业及旅游接待处为了加强对乡村旅游业质量的管理，制订了严格的乡村旅游管理条例。游客住宿、餐饮场所必须取得印有"欢迎莅临农场"标志的资格证书，同时确保具有特色的乡村旅游活动，比如严格规定不得贩卖和采购其他农场的农产品、农场的建筑必须符合当地特色、必须使用当地特色的餐具等。

（二）搭建多方合作平台

乡村旅游协会要在加强交流、扩大宣传等方面发挥重要作用，搭建乡村旅游合作交流平台，定期组织各类论坛、会议、业务技术交流活动等，促进乡村旅游行业内的资源合理配置、渠道共享、沟通合作，从而提升乡村旅游行业的整体效益。例如，美国于 1992 年建立了一个非营利性的组织国家乡村旅游基金（NRTF）。该基金成立至今，已经在鼓励乡村旅游的可持续发展、提高联邦旅游和休闲场所的知名度。

在网络信息服务、执行州旅游合作计划、推广国际旅游项目、开发全美森林服务项目等方面发挥了非常积极的作用。除此之外，美国的各种农业协会组织也发挥了积极的作用，这些农业协会主要为试图发展乡村旅游的民众提供信息咨询、项目指导，同时还提供其他地方的成功经验介绍等。美国的社区会通过举办乡村旅游巡回展览、专题研讨会，向农牧业生产者提供乡村旅游知识培训，并鼓励所有农牧业生产者加盟协会和组织等。正是这些大量的与乡村旅游业相关的、根植于基层、贴近居民的行业协会，其快捷有效的服务有力地促进了美国乡村旅游的发展。

（三）提升整体宣传效益

乡村旅游行业协会还可利用灵活多样的宣传推介渠道，树立行业品牌形象，扩大乡村旅游业在社会全产业体系中的影响力，提升企业发展效益。例如，西班牙乡村旅游协会（ASETUR），超过 60%的西班牙乡村旅游经营者都加入了该协会。该协会有一个内容非常丰富的网站，其中介绍了各个会员单位，游客可以直接在网站上预订。协会还组织各个会员单位，通过预订中心、报纸广告和互联网等手段进行统一的营销推广。国内的乡村旅游协会也有较好的实践案例，如广东省旅游协会结合地域特点，通过举办"南昆山生态旅游文化节"，进行文化旅游招商活动，扩大了南昆山的旅游知名度，帮助南昆山发展旅游产业，受到地方政府的热烈欢迎。

（四）加强监管维护权益

乡村旅游行业协会应成为政府、企业、游客之间的桥梁，在政府的引导下，一方面协助加强乡村旅游质量监管，维护行业秩序；另一方面乡村旅游协会应发挥主体优势，及时进行乡村旅游市场调研，为政府决策提供参考。

此外，乡村旅游协会还可以打造乡村旅游业的"315"，有力维护旅游消费者的合法权益。如湖州市在发展乡村旅游的过程中，在政府主导下，注重发挥乡村旅游行业协会的作用，强化行业自律和完善监督管理。湖州市积极构建从市、县（区）、乡（镇）到农家乐集聚村"四位一体"的农家乐自律组织网络体系，有效地发挥各级农家乐自律组织的作用。目前，湖州全市所辖县区都建立了农家乐（乡村旅游）协会，如长兴县水口乡农家乐协会得到了全乡538名农家乐业主的加入，按照自然村划分为11个片区，在每个片区通过不记名投票的方法，选出片区理事长。理事长的工作职责主要为配合旅游主管部门工作，处理游客接待纠纷，一旦出现纠纷问题，理事长须第一时间到达现场进行控制并提出解决方案。湖州市全市共有农家乐乡村旅游服务中心（办公室）29个、村级农家乐工作站12个，在宣传农家乐形象、推广农家乐经验、反映农家乐诉求、配合主管部门工作、加强行业自身建设等方面都发挥了积极作用。

我国乡村旅游发展要借鉴成功的实践经验，鼓励各区、县以及行业成立各类乡村旅游协会，提高行业交流、合作和监督能力，探索以政府购买服务的方式，建立乡村旅游产业项目规划、实施、管理的第三方评估体系。加强对乡村旅游行业的内部监管，贯彻落实政策指引，维护旅游者合法权益，提升企业效益。

三、村集体自治

雨崩村社区的社区增权是村集体自治的典型案例。雨崩村社区村民参与乡村旅游发展主要方式有食宿接待、马匹租用、向导服务和环境卫生管理四种。随着旅游人数的不断增加，社区内家庭旅馆对旅游者的竞争日趋激烈，甚至出现了互相争抢游客的恶性竞争，在此背景下，由村主任牵头组织，并通过村民会议讨论，雨崩村社区制定了《旅游收入平均分配制度》，包括住宿经营、收入分配制度和马匹租用管理与分配制度等。

此后，针对制度实施过程中暴露的问题和村民的反馈，不断对其进行修正和完善。雨崩村的乡村旅游发展由村民自发参与的市场经济自由竞争模式转变为社区集体参与的计划经济统一调度的社区自我主导模式。从简单选举走向民主治理，需要创新乡村社区管理、完善村集体组织管理制度、落实民主监督制度意见以及规范民主决策制度。以土地承包、流转、租赁方案以及征用、占用补偿费使用、宅基地使用方案等方面为重点，真正做到村民的事情村民定，村民的事情村民管，村民的事情村民监督，形成村集体民主自治，焕发乡村社区的活力。

第二节 乡村旅游政策制度保障

乡村旅游政策是国家和各级地方政府管理部门为了实现乡村旅游发展的目的，根据乡村旅游发展的社会经济条件和乡村旅游发展的具体情况所制订的一系列措施和办法。合理的乡村旅游政策应充分调动行业协会、企业、城乡居民群众等多元利益主体的力量，共同参与到旅游业的社会化管理之中，进一步强化行业自律、规范旅游市场秩序、优化旅游环境、提升行业整体形象，使乡村旅游发展从"小马拉大车"变成"群马拉大车"，构建政社互动的综合统筹管理格局。

2016年中央一号文件《关于落实发展新理念加快农业现代化实现全面小康目标的若干意见》提出"将乡村旅游发展成农村新兴支柱产业"的指示，并出台了相应的支持政策。2018年中央一号文件《关于实施乡村振兴战略的意见》提出要实施休闲农业和乡村旅游精品工程，建设一批设施完备、功能多样的休闲观光园区、森林人家、康养基地、乡村民宿、特色小镇，研究出台了各项管理办法。

目前乡村旅游政策在土地、金融等方面给予了高度关注，规范了农村土地流转，加大了乡村旅游金融扶持与信贷支持力度，加强了乡村旅游人才开发与管理体系建设，为乡村旅游的发展提供了强有力的支撑与保障。

第六章 乡村旅游的发展的保障体制构建

一、土地政策

乡村旅游是当前和未来旅游业发展的重点领域，也是乡村振兴的关键。土地政策对乡村旅游的影响贯穿于乡村旅游发展的全过程和各个层面，乡村旅游发展也在一定程度上推动着农村区域土地政策的完善。在不突破用地红线的大前提下，通过积极推进乡村旅游用地改革、拓宽用地审批渠道、加大用地供应、促进土地集约高效利用等措施，将有效解决农村土地使用分散性和旅游经营集中性的矛盾，支持乡村旅游业的快速发展。

（一）改革乡村旅游用地制度

乡村旅游的发展会涉及大量的农村集体土地和少量国有土地。农村集体土地包括农民集体所有的农用地、未利用地、宅基地、公益性公共设施用地和经营性用地，以及农民集体使用的"四荒地"和农民集体经济组织所有的"四荒地"等，加快农村集体土地流转的方式主要有七种。

一是土地互换，即农村集体经济组织内部的农户对各自土地的承包经营权进行交换。

二是出租和转包、转让，即农民将其承包的土地经营权出租给大户、业主或企业法人等承租方。

三是股份合作社，即农户以土地经营权为股份共同组建专业合作社，按照群众自愿、土地入股、集约经营、收益分红、利益保障的原则返租倒包给其他经营者。

四是入股（"股田制"）或股份合作经营，即农户将承包土地经营权作价入股，建立股份公司，按公司治理方式经营。

五是抵押土地给银行，即金融资本将土地作为存贷的主要标的，经营与土地有关的长期信用业务，最终让农业经营合作组织采用银行运作模式进行生产。

六是土地托管，即农民缴纳管理费，将土地交由合作社管理，合作社经营农民土地，将收益交给农民。

七是土地信托，即政府出资在县或乡镇设立农村土地承包经营权信托有限公司，接收农民名下的土地，企业再从政府的信托公司手中连片租赁土地，从事乡村旅游开发经营活动。

乡村旅游发展可用的少量国有土地包括城郊、林地等，应加快调整改进国有土地出让方式，调整方向有以下两种。

一是结合技术标准，在土地出让之前明确功能布局，综合评定中标单位。

二是在土地出让价格等方面，给予乡村旅游项目更优惠的政策扶持，在招商项目选择中给予乡村旅游项目更大空间。

此外，重点旅游市、县还应积极推广借鉴浙江、桂林等地的做法，选择重点旅游市、县、区进行改革试点建设。改革试点方向有：城乡建设用地增减挂钩试点、坡地村镇建设用地、点状供地、闲置宅基地整理结余的建设用地可用于休闲农业，乡村旅游项目中未改变农用地、未利用地用途和功能、未固化地面、未破坏耕作层的生态景观用地，可按实际地类管理，不办理农用地转用手续等。

（二）拓宽乡村旅游用地审批渠道

乡村旅游用地审批渠道并不是单一的，可以通过各级政府的灵活处理而得以拓宽。

例如，在规划乡村旅游用地需求时，由乡村旅游领导小组出面与国土部门协调或报市政府，提前对乡村旅游用地予以审批；各区（县、市）国土资源部门每年拿出一定的乡村旅游用地指标，由旅游局根据乡村旅游规划、根据轻重缓急进行审批；对重大乡村旅游项目，积极纳入上级行政单位旅游重点项目，向上级行政单位申请用地审批；发展乡村旅游涉及建设永久性餐饮、住宿用地的，支持依法办理农用地转用等审批手续等。

（三）提高乡村旅游用地供应总量

乡村旅游的开发建设用地需求量大，乡村旅游用地供应总量不足需要采取政策措施来解决，以提高用地供应总量。主要包括以下三类措施。

1. 预留或增加用地指标

为旅游配套的公益性城镇基础设施建设用地按照划拨方式提供，编制和调整各地方城乡土地利用总体规划、城乡规划时，充分考虑休闲农业项目、乡村旅游项目、旅游公共设施的空间布局和建设用地要求，并给予指标倾斜。

2. 协调重点项目用地

采取重点项目清单制度，将需要建设用地指标的重大乡村旅游项目纳入建设用地协调清单，与土地利用总体规划、土地利用年度计划进行对接与协调。尝试利用附属设施用地以及配套设施用地建设露营地、旅游服务设施等，加大旅游用地供给。

（四）促进乡村土地集约高效利用

节约集约利用土地是我国土地管理的一项最基本的规定，也是有效保障乡村旅游用地的一种方法。可从以下四大方面着手，确保乡村土地的高效集约利用。

1. 统筹规划建设

探索发展由村集体统一收购（租用）、统一管理闲置农房的模式，统一规划利用闲置农村宅基地，共享公共设施用地，减少重复建设与浪费，鼓励发展树屋、森林氧吧、帐篷营地、房车营地、亲子乐园等占地需求较小的旅游项目。

2. 专业开发运营

吸引专业公司开发、经营进入门槛相对高的乡村旅游项目，如精品民宿、度假农庄等，保障乡村土地的集约化利用。

3. 盘活存量用地

对于已批未建或建设缓慢的乡村旅游用地项目，要积极盘活，严格督促项目开发建设进度，执行建设用地逾期未建设即收回的机制，提高每一寸农村土地的利用效率。

4. 要争取一地多用

充分利用新农村建设、生态建设、农田保护整治机会，探索旅游一地多用方式，将乡村公共设施用地与旅游服务用地相结合，最大限度地节约、集约农村地区的土地资源。开发未利用地，引导乡村旅游企业参与土地整理，实现旅游发展、土地利用的双优化；在现有农村用地中植入旅游化、景观化理念，打造稻田艺术、花卉迷宫、特色村落等不占建设用地的乡村旅游项目。

二、金融政策

乡村旅游的发展离不开金融财税的支持，但长期以来农村金融滞后城市金融的非均衡局面却制约着乡村旅游的发展。2018年中央一号文件提出了实施乡村振兴战略，必须解决钱从哪里来的问题。要健全投入保障制度，创新投融资机制，加快形成财政优先保障、金融重点倾斜、社会积极参与的多元投入格局，确保投入力度不断增强、总量持续增加。

各地方应在争取财政资金支持、引导金融资本投资、加大信贷支持力度、落实税收优惠等方面强化落实，为乡村旅游发展提供坚实的金融保障基础。

（一）加强财政资金扶持

（1）争取专项拨款，争取国家和省市加大财政资金扶持力度，设立乡村旅游发展专项资金，主要用于项目规划、形象推广、市场开拓、设施建设等。积极策划和筹备一批既符合国家、省市投资重点，又体现当地特色的乡村旅游项目，争取专项奖励与补助资金。

（2）统筹利用多类资金，包括国家和省市级支持服务业、中小企业、新农村建设、林业发展、环境保护、旅游开发、文化遗产保护以及其他与旅游业相关的专项资金，打好政策组合拳，对符合条件的旅游项目予以倾斜。各类农业示范基地、水利风景区、森林公园、文化体育等建设资金要注重与重点乡村旅游项目建设融合使用。

（3）建立资金使用管理绩效评价机制，逐步将重点乡村旅游区的农村公路养护、环境整治、基础设施建设（水、电、宽带、停车场、厕所）等资金纳入地方财政预算，中央财政给予差异化奖补，推动各级政府实行资金使用管理绩效评价机制，完善预算编制管理，将绩效目标作为申报项目预算的前置性条件，提升财政资金使用效能与规范性。

（二）引导金融资本投资

通过采取以下各种方式，激活社会金融资本，引导和支持社会金融资本参与乡村旅游开发建设。

1. 强化政策奖励引导

充分发挥财政资金引导作用，以及各类旅游资源交易平台的产权交易和投融资功能，以先建后补、业绩奖励、风险补偿、贷款贴息等方式，吸引社会资本兴办各种乡村旅游开发性企业和实体。

2. 设立乡村旅游投资基金

支持财政和大型企业、金融机构联合建设乡村旅游投资产业基金，引导更多社会资本投入乡村旅游产业要素的提升改造、旅游产业融合和新业态新产品开发，以及重大乡村旅游项目和重要旅游服务设施建设，推进乡村旅游产业转型升级。

3．推广 PPP 投融资模式

支持企业与政府、社会资本合作，政府采购选择合适的社会资本方，并指定乡村旅游项目建设实施单位，三方共同组建项目公司（SPV），开展乡村旅游项目的规划、设计、投融资、建设、运营，对社会资本进行回报，并将政府的支出纳入财政预算。

4．鼓励农民集资入股

鼓励农村集体以土地的租赁、承包、联营、入股合作等方式，参与乡村旅游投资开发。探索农户以房屋、土地、果蔬园等入股，参与农家乐、果蔬采摘园、休闲农庄等乡村旅游项目建设经营。改革乡村旅游景区（点）经营体制，引进社会资本，优化提升一批具有影响力和竞争力的乡村旅游景点。

5．鼓励本土实力企业拓展旅游业务

重点引导本土有实力的企业拓展乡村旅游投资开发类业务，或向乡村旅游方向转型，鼓励其投资休闲农业与乡村旅游景区（点）、旅游项目、商业网点以及服务接待、交通运输等设施的建设和经营。

（三）加大信贷支持力度

1．发放政策性优惠贷款

乡村地区可将休闲农业与乡村旅游纳入投资开发贷款扶持范围。鼓励地方政府与农业银行、农村信用合作联社、农业发展银行，邮政储蓄银行等金融机构，达成乡村旅游发展贷款项目合作协议，发放低息、周期长的政策性优惠贷款，支持乡村旅游投资建设。

2．鼓励金融机构创新贷款产品

鼓励商业银行、保险公司等金融机构开发面向乡村旅游的信贷、保险产品，如农家院贷款产品、小微民宿贷、金融众筹等，适当加大信贷投放力度，适度降低旅游企业贷款准入门槛，扶持龙头企业发展。

3．鼓励开展小额担保贷款业务

积极探索成立针对经营乡村旅游的农户和中小旅游企业的贷款担保机

构，为经营休闲农业与乡村旅游项目的农户提供担保服务，支持其申请小额担保贷款，由政府给予一定比例的保费补助或贷款贴息，鼓励乡村旅游经营户以互助联保方式实现小额融资。

4. 开展多样化的抵押贷款业务

鼓励各大金融机构开展乡村旅游抵押贷款业务，包括旅游企业建设用地使用权抵押、门票抵押，景区开发权抵押、水域滩涂养殖使用权抵押、林权抵押、养殖物抵押等，扩大乡村旅游的融资渠道和规模。

(四) 落实税收优惠政策

一方面，完善乡村旅游所得税优惠政策。制定鼓励大学生到乡村旅游企业就业的个人所得税和企业所得税减免的政策；适时将乡村旅游农户所得税的税收优惠政策的受惠时限改为"从开始获利的年度起"；因地制宜地根据乡村旅游淡旺季调剂税率、实行营业税优惠政策；对从事乡村旅游的符合条件的小型微利企业，按规定执行小型微利企业所得税优惠政策。

另一方面，完善地方税收优惠政策。对土地流转入股参与到乡村旅游开发的农户，减免营业税；对于改善农村和农业的水、电、路、通信工程的企业适当进行税收减免，改善乡村旅游企业发展环境；经批准改造的废弃土地和开山整治的土地，从使用的月份起免缴 5 年的城镇土地使用税；对利用个人出租住房经营乡村旅游的，免征印花税；对经营采摘、观光农业等乡村旅游项目的单位和个人，其直接用于采摘、观光的种植、养殖、饲养的土地，免征城镇土地使用税；对新开办的乡村旅游项目，工商、卫生等部门减免办证费用，对 3A 级以上乡村旅游点、星级农家旅馆免收标牌费，用电、用水、用气实行与一般工业企业同等的价格，参照城市公交站场、道路客运场的相关税费政策，免征乡村旅游集散中心建设城镇土地使用税。

第三节 乡村旅游项目资金保障

开发建设资金不足是影响和制约许多地区乡村旅游发展的重要瓶颈。因此，为了加快农村旅游业的发展，必须加大对农村旅游业的规模投资，建立农村旅游项目的资金保障体系，进一步完善投融资渠道。在不断争取和利用好传统投融资途径的同时，积极探索更多有效的投融资模式。

一、充分利用一般投融资模式

从目前的情况看，乡村旅游发展过程中的一般投融资模式主要有：农户自筹资金、各级政府财政补贴与扶持、招商引资、商业银行贷款和资本市场融资。

但由于受市场和体制等因素的影响，实际情况为：中央和省、市地方政府财政中用于旅游建设的专项资金以及旅游国债项目的资金有限，且大多投资于重点风景名胜区和旅游基础设施建设，无法满足地域分散、经营更为市场化的乡村旅游地；社会经济发展水平相对落后的县域地方，其财政更是在乡村旅游投入方面显得捉襟见肘；偏远地区招商引资环境恶劣，中小企业获取商业银行贷款困难重重，乡村旅游也无法从招商引资和商业银行获得更多的资金；资本市场作为现代经济条件下重要的融资平台，由于受上市公司金融监管力度加大、股东投资回报期望较高以及地方旅游产业发展重点定位等因素的影响，一般也会将资金投向旅游重点景区和大项目建设中，通过资本市场（尤其是股票市场）直接融资或是借壳上市，融资以发展乡村旅游的可能性微乎其微。因此，很多乡村旅游接待地都是靠农户（或经营户）通过自己的小额资金起步并实现滚动发展的。这也成为这些地区乡村旅游发展资金投入不足以致整体发展缓慢的重要原因。

虽然这些融资模式在促进农村旅游业快速发展的过程中存在诸多问题，但由于其实施多年，形成了较为成熟的经营模式和经营过程，对市场也已经建立了相对固定的思维倾向，整个制度安排的运行符合路径依赖的基本规律，不可能完全抛弃不用。在未来的发展中，需要根据实际情况，通过转变思路、创新体制、加强实施等手段，充分利用现有的一般融资模式，选择更为有效的融资渠道。

（一）争取政府财政支持

为认真贯彻落实党中央、国务院以及地方各级政府关于加快发展旅游产业的各项政策，各级政府在同级预算中都大幅增加了对旅游业的投入资金。作为乡村旅游项目所在地的县级政府，应抓住机遇，与上级部门积极配合，确保相应建设资金的落实和项目的顺利实施，从而为改善乡村旅游公共服务设施，提升乡村旅游可进入性打下坚实的基础。

同时，要改变传统"等、要、靠"的思想观念，将"请进来"和"走出去"两种方式有机结合起来，通过整合旅游产品、组织项目申报、加强与上级部门的沟通等方式，积极争取各级政府用于旅游方面的财政补贴与资金支持，进一步改善全县乡村旅游的发展环境。

（二）努力做好招商引资

外来投资不仅能给投资者和地方经济带来更多的回报，而且还可以吸引更多先进的技术和管理理念，这在县域是极为稀缺的。

因此，要做好招商引资工作，加大招商引资的力度。第一，优化投资环境，简化办事程序，降低外来资本的进入壁垒；第二，积极引导农业企业，延长乡村旅游产业链。乡村旅游的发展主要集中在农业，农业产业化和工业化的过程比单纯地发展乡村旅游更能够获得外来资本的青睐，实现标准化和规模化经营也更轻松。

这能够为乡村旅游的发展创造良好的条件。政府需要通过制定相应的财政、土地、税收等政策，引导农业企业建立和完善相应的旅游配套设施、培训旅游接待人员、设计组织接待流程、科学规划旅游产品，实现农业与旅游产业的有机嫁接，从而不断丰富乡村旅游的内涵。通过加大农产品种植、加工、流通等领域的招商引资力度，利用外来资本形成品牌企业（集团），为乡村旅游的发展奠定坚实的市场基础。

二、积极探索和利用新型投融资模式

（一）整合协调和使用中央、省、市、县投向农村的各种资金

乡村旅游的发展是一个复杂的系统工程，单纯依靠旅游部门的投入或是政府从单纯意义上的旅游投入都是无法解决乡村旅游发展过程中的基础设施建设和乡村旅游资源可持续发展的问题。

近年来，中央和省、市、县各级政府对"三农"的投入都保持了相当的比例和较快的增长幅度，但这些投入的资金都是通过林业、农业、水利、国土资源、建设、园林、民政、民族与宗教等不同部门实现的，这些来自不同渠道的投资为县域农业产业化发展、农村风貌改善以及农民增收发挥了积极的作用，但在现行条块分割的行政管理体制条件下，这些投资彼此之间的是相互独立的，协同效用较差，因而虽然总量不小，但综合的效益并没有得到最大限度的发挥。

因此，需要从发展县域乡村旅游的大局出发，在明确乡村旅游发展思路与基本方向的基础上，进一步摸清各种投向农村（特别是乡村旅游接待地）的政府资金来源、用途与规模大小等情况，集中各种政府投入系统解决乡村旅游发展中的"瓶颈"，不断提高政府资金投入的使用效率，有效弥补单纯政府旅游投入的不足。

（二）盘活土地、林地等生产资源

土地和林地等生产资料是乡村旅游发展重要的投入要素，在现代人地矛盾愈发尖锐的条件下，更意味着大量的货币资产和资金流通。国家在农村土地流转以及林权制度改革等方面有一系列政策的颁布与实施，为农业生产资料的权属确定与市场流通提供了法律和体制上的保障。在发展乡村旅游的过程中，可以在符合相关政策和法律程序的条件下，进一步盘活区域内的各种土地与林地等生产资源，通过租赁、抵押贷款、联合等方式获得更多发展资金，提高各种生产资源的相对聚集与集约化经营程度。整合区域内的优势土地和林地资源，在有效保护资源的条件下，提高土地等生产资源的使用效率，为乡村旅游的发展提供更多的资金支持。

（三）积极吸纳县内外社会资金进入乡村旅游业

随着区域经济的不断发展，城镇居民手中所拥有的社会财富不断增加，除了满足基本的消费需求外，投资已经成为越来越多先富起来的人的一种新的价值追求。在发展乡村旅游的过程中，县域应通过设计科学合理的融资工具和经营模式，将这些闲置的资金引入具备开发价值的乡村旅游地，鼓励县内外各种不同性质、不同行业、不同领域的社会资本进入乡村旅游产业。这既是一个融资的过程，同时也是一个营销宣传和扩大品牌知名度的过程。政府在这一过程中所要承担的职责就是：建立科学的评价体系准许资本进入平台；营造各种资本公平竞争的市场环境；在保护投资者合法合理收益的同时，进一步维护作为弱势群体的村民的利益，促进乡村环境与资源获得可持续的利用和发展。

（四）用活农村信贷政策，积极筹建村镇银行

为有效解决"三农"发展过程中的资金融通问题，国家已经出台了相应的较为优惠的农村信贷政策，对农业银行、邮政储蓄银行以及农村信用合作银行等服务"三农"的金融机构给予政策性支持。在发展乡村旅游的过程中，应组织从事乡村旅游企业的人员认真学习和领会这些农村信贷政

策，使这些政策真正得到落实，发挥更大的效用。县级政府应鼓励积极筹建村镇银行，在贷款、兑换、吸收存款等方面给予更多的优惠政策，为乡村旅游的发展提供更多的金融保障。

第七章　乡村振兴背景下乡村旅游模式的创新升级

第一节　形成富有创意的休闲聚落

一、农村休闲聚落打造模式解读

（一）休闲聚落的核心理念

1. 聚落的起源

聚落是旧石器时期形成的一种聚居形式，它是人类文明进步的见证，也是人类文明发展的结果。在原始社会公社制的组织形式使得以氏族和血缘为纽带的人类多数以农耕或者打猎聚集在一起，这是聚落的雏形。

在进入奴隶制社会之后，人类的生产力有了很大的进步，因此社会分工更加明确，人类开始在农耕与打猎之外从事其他的劳动，因此聚落逐渐变大形成了人类聚集的城市。

在封建社会人类的生产力水平进一步提升，城市数量增多、规模增大，但农村仍然是主要的人口聚集区。

随着工业革命的进行，人类进入资本主义社会，在科学技术的推动下，城市大量形成，城市化的加快使得农村地区聚落开始衰落。

2. 乡村聚落的形成条件

聚落我们可以分为两个基本类型，即农村聚落和城市聚落，二者在社会关系与地理位置上具有很强的联系性。但从人类文明对聚落形态的影响来看，自然聚落更能反映聚落与自然的关系。

地形：地形是形成聚落的重要地理条件，一般来说聚落形成多在平原、山间盆地以及少量山区聚落。

水源：水是人类赖以生存的资源，水源对聚落的形成具有重要的影响。降水多的地区形成河流，聚落分布的形体与河流有密切的关系，这一点在农村地区能够得到生动的体现。

气温：气温与人类聚落的形成也有密切的关系，无论是寒冷地区还是高温地区都不适合人类聚落的形成，但在这些地区形成的人类聚落其建筑形态与材质受到气温的影响很大。

3. 乡村休闲聚落的特点

乡村休闲聚落是指以休闲度假功能为主的农村聚落，它具有聚落的一般特征，又因其休闲功能与传统意义上的聚落有所差别，具体来说乡村休闲聚落主要有以下三个特点。

（1）休闲第一。广义休闲包括餐饮、娱乐等服务功能，满足消费者在精神层面所追求的"生活方式"，这也是农村休闲聚落的核心特点。休闲聚落的功能由传统的居住或者劳作向休闲"生活方式"转变，对于开展度假或者休闲旅游场所的农村地区，这种特点表现得更加明显。

（2）环境第一。休闲是身体与心灵的双重放松与享受，与传统的聚落不同，休闲聚落的环境更加优美，更加清洁。无论是从自然环境角度来看，还是从建筑景观角度来说，休闲聚落都更为适合放松身心，根据国外乡村旅游休闲聚落的建设经验，农村地区休闲聚落用于改善环境的支出不少于总体支出的20%。

（3）特色突出。休闲聚落大多是依托某方面的优势旅游资源形成的，其名片效应突出，能够带动乡村旅游产业的发展。从旅游产业发展的角度来说，打造乡村旅游休闲聚落，能够为本地区乡村旅游资源与文化提供输出窗口，从而起到一定的宣传效应，带动周边地区旅游产业的繁荣，促进农村地区的发展。

（二）村落特征

1. 交通区位良好

适合休闲旅游聚落模式开发的地区，一般交通位置都相对较好，位于热门旅游景点的线路或者周边地区，人们可以较为方便地到达。休闲聚落模式旅游的游客主要分布于城市地区，在城市生活与工作的压力下，旅游的时间形成对于城市居民十分关键。因此在城市周边的郊区农村布局休闲聚落模式的旅游项目能够很好地吸引游客，这不仅是因为时间比较短，还因为交通较为便利，能够保证旅游休闲目的的达成。

2. 休闲资源丰富

村落是本身就是开进行开发的优势休闲旅游资源，在农村地区空气较为新鲜、绿色遍布，能够很好地保证人们生活的健康。在农村地区休闲旅游资源可以分为三种：第一种，乡村田园风光，第二种是乡村民俗，第三种是建筑艺术与乡土文化。

3. 用地条件优越

休闲聚落对场地和设备的有一定的要求，因为乡村休闲活动形式的丰富性，因此需要的场地较大。在农村地区有一些由于客观原因而不能进行耕种的荒地，这使得农村地区在乡村休闲旅游场地的规划上有了更多的空间。

不同于传统乡村旅游的采摘、体验等活动形式，休闲旅游注重对乡村特色的开发，比如农村运动会、乡村游乐场、乡村营地等。在农村地区开展这些活动，要具备一定的场地条件才能开展，因此在旅游规划的过程中要结合本地实际情况进行开展。

4. 村民意识超前

休闲聚落的模式涉及到乡村旅游资源开发的创新性，只有充分挖掘农村休闲旅游资源的乐趣，改变农村地区居民传统的文化发展思路才能从根本上推动乡村旅游活动的创新发展，也才能从根本推动我国乡村旅游活动的崛起，促进农村地区经济的发展。

（三）模式要点

1. 村集体统一管理模式

村集体统一管理是指在村委会或者村旅游组织机构的带领下，对农村的休闲旅游资源进行统一的筛选，并根据当地的资源条件与硬件设施，开展乡村旅游的一种形式。一般在这种形势下，村民会负责组织与接待乡村旅游的游客，并成立农家乐负责游客的食宿。

2. 策划创意休闲体验活动

无论在其他行业还是在旅游行业，创新永远是开辟市场，促进经济发展的基础性驱动力量。在乡村旅游规划与发展过程中，要有意识地植入当前新潮的理念，通过规划创新来打造特色农业休闲旅游基地，促进农村地区经济结构的转型。

3. 丰富乡村活动，营造持续吸引力

农业劳动与耕作是农村的基本生产活动，对于长期生活在城市的人来

说，劳动的过程与乐趣也是他们追求的旅游体验的一部分。因此，在乡村休闲旅游发展的过程当中，可以通过组织春耕节、丰收节等形式，来提高旅游休闲活动的吸引力。

4. "村集体+企业"的融资模式

对于一些旅游相对优秀，开发难度较大的地区可采用"村集体+企业"的模式，通过引入企业资本与规划管理能力，来提升乡村休闲旅游活动的吸引力，提高旅游经营的收益。

二、模式构建

构建休闲聚落模式，有以下几大要点：

（一）引力升级

引力升级是指提升乡村休闲旅游活动的吸引力，对农村地区的民俗风情、田园景色、山水溪流进行专业的规划与开发，打造具有鲜明农村特色与文化主题的旅游项目。

（二）趣味升级

趣味升级是指提高乡村旅游项目的趣味性，给旅游者带来身心的愉悦与享受。在乡村旅游发展要素当中，围绕地方特色语言文化、工艺品与农产品、神话传说等趣味性十足的元素，打造具有文化历史气息与乡土特色的乡村休闲旅游项目，打造乡村休闲旅游的新模式。

（三）节庆升级

在中华民族的传统文化当中，每个传统节日都有相应的风俗与讲究，但随着城市生活理念的变化，传统文化要素正在我们的生活中逐渐消失。在农村地区人们受传统思想影响较为深刻，很多传统的节庆习俗还都保留得比较完整，比如端午节的划龙舟、春节的舞龙舞狮等。此外，农村地区相比较于城市地区还有自身独特的节庆特点，乡村休闲旅游可以以此为基础，打造特色春耕节、丰收节等特色节庆活动。

（四）管理升级

管理是企业正常经营与发展的基础性要素，在乡村休闲旅游的规划与发展过程当中，要充分重视管理的重要性，积极吸收先进的管理经验与管理技术，提升乡村休闲农业旅游的管理水平。提高乡村旅游的管理水平能够解决乡村休闲旅游发展过程中产生的各种内部矛盾与外部矛盾，与此同时还可以有效提升乡村旅游企业内部工作人员的积极性，提升乡村旅游管理的效率与经营效益。

第二节　建设别具特色的主题庄园

一、农村主体庄园模式解读

（一）核心理念

一个乡村就是一座主题庄园。依托现代农业和涉农企业品牌打造的高品质田园综合体，复合农业产业与乡村旅游两大基本功能，既是企业品牌展示与技术研发基地，也是高品质的田园休闲度假区。

（二）村落特征

1. 农业基础较好

主题庄园模式要求村落的农业产业基础较好，已经形成了具有一定规模的特色农业品牌或拥有独特的农业气候条件和文化资源。

2. 土地流转较易

主题庄园模式要求以大量的土地资源为基础，村落需要有建设大型农业庄园的场地条件，土地流转门槛低，便于置换出农业庄园用地。

3. 交通可达性强

主题庄园模式涉及产业生产、产品运输、游客接待等多种功能，需要以便捷的交通为支撑，因此，要求村落的交通可达性强，能够吸引大型涉农企业或其他休闲农业投资主体进驻。

（三）模式要点

1. 大型企业资本撬动

主题庄园模式以现代农业产业为基础，通过大型企业资本导入，发展庄园经济，形成"产业+旅游"双驱动。

2. 现代农业品牌支撑

主题庄园模式以庄园品牌塑造、庄园综合功能扩展、庄园产业延展和产业链条构建为主，主要展现村落的现代农业品牌，是规模化、专业化的乡村旅游形式，不同于传统的民俗接待户形式。

3. 庄园生活方式构建

主题庄园模式，以庄园的农业产业为基础，主要为游客营造一种生活方式，以庄园作为游客集中到访区，提供观光、休闲、度假等多种产品，形成独特的庄园生活体验。

4. 村民服务功能强化

主题庄园模式对村民的安置相对集中，村民主要为庄园提供服务，可受雇于庄园或园区，在园区内提供服务；也可借助庄园品牌，在外围提供配套服务，发展互补型产业。

二、模式构建

（一）用地流转，促进企业资本撬动

多方式流转用地，形成规模土地。大规模的土地是主题庄园模式的基础，属于此种发展模式的村落需要集中村落土地资源，可依托移民搬迁遗留下来的耕地等资源，以多元化方式筹集社会资本，以租赁、购买土地使用权等形式集中流转一定规模的土地，保证旅游开发的空间，为后期的发展提供坚实的保障。

多手段引进企业，促进整体开发。村集体通过多种政策优惠，吸引企业进行主题庄园开发，如实行土地承包优惠政策、一年免税优惠、基础设施建设等，确保庄园的整体开发。

（二）产业延伸，夯实庄园产业基础

主题庄园模式最大的特点就是旅游项目设计的特色突出，这种模式对乡村农业生产的发展水平有一定的要求。

在打造农业产业的过程中，无论是传统农业还是新型生态农业都要囊括，无论是种植业还是养殖业都要涉及，这对农村地区农业发展的全面性、现代化和生态性有较强的要求，这也是奠定主体生态农庄特色吸引力的基础。

（三）综合提升，构建庄园品牌形象

主题农业庄园必须突出旅游产品的特色，将庄园的休闲性、娱乐性、疗养性功能统一到一起，打造综合性的农业旅游项目，提高乡村旅游项目品牌的内涵与价值。

品牌依托。发展现代庄园一定要以品牌发展为基础性发展战略，它比单纯地强调山水特色或田园之乐具有更加长远的发展空间，因为发展成熟的农业庄园不仅仅具有旅游功能，休闲与娱乐功能也会被发挥出来，因此要更加注重品牌形象的塑造。

体验提升。主题庄园的体验是反映品牌形象的重要因素，重视游客参与，设计体验活动，将游客融入情境，感动其视、听、嗅、味、触觉，使其产生美好的感觉，是主题庄园在竞争中取胜的关键。

文化植入。主题庄园模式在产业的基础上，要注重乡村文化的植入，这是展现乡村主题庄园的个性因素，这是庄园形成独特标识的重要因素，对庄园品牌的打造具有重要意义。

专业管理。主题庄园应建立专业团队管理旅游工作，融入乡村特色服务，形成自己的农业庄园旅游客户社群。

（四）四高四低，营建庄园高品质生活

我国历史上的庄园形态以封建时代的皇室、贵族、大地主、寺院等占有和经营的庄园最为典型，庄园从产生之初就是贵族地位与财富的象征，是高品质生活方式的代表，是生活品位的象征。

四高，是指高素质、高水准、高自主、高文化。即指庄园服务人员的高素质，园区硬件设施、装备、配置等的高端水准，可供消费者自主选择消遣方式的高自主，庄园多重文化交融的高文化。

四低，是指低密度、低强度、低刺激、低插手。即指注重个人隐私的低密度空间、追求自我放松的低强度活动、重视内心平静的低刺激环境、体会简约纯朴的低插手服务。

三、模式类型

（一）高端度假主题庄园

依托美景及有机食材，开发以度假为主的主题庄园，在乡村农业的基底下，引进现代度假设施，采取现代度假理念，为游客提供具有乡村风情

的休闲场所。

（二）休闲牧场主题庄园

农业主题庄园的打造必须依靠乡村的自然环境、文化风俗、农业特色等不同的发展方向为依托，将其打造成一主题多特色的现代化、综合型旅游休闲娱乐庄园，促进农村地区的繁荣与发展。

（三）农业公园

农业公园是乡村旅游发展的高级形态，它是乡村旅游活动发展到一定阶段的产物。在农业公园的打造中，原住地居民的文化风俗、农业生产特色以及自然景色，被整合到同一个项目当中，在农业公园不仅能够体验到淳朴的乡村生活气息，还可以体验到休闲、放松的精神状态。农业公园能够为城市居民的休闲放松、度假休憩、学习参观、体验自然等不同旅游目的提供旅游场所。

（四）特色产业庄园

在文化和旅游部成立后，促进产业融合的脚步加速，在培育"旅游+农业"上，也在积极与现在农业农村部开展国家现代农业庄园创建工作，制定国家现代农业庄园评定标准。参考相关文件要求，国家现代农业庄园评定要求其旅游功能突出，具有优质的、可供休闲度假的特色自然或人文资源，其本质是以农业为本，利用项目地区位优势和资源优势，打造主题鲜明、特色突出、类型丰富，住宿餐饮、产品展示、文化展览等基本功能齐全的农业旅游项目。

在旅游实践中，以烟草、茶叶、咖啡、花卉、香草、药材等特色产业构建的庄园形式，庄园形成完善的产业链条，通过在产业的各个环节融入旅游功能，实现庄园的旅游开发，嫁接茶文化旅游和休闲度假，成为了云南庄园经济的发展标杆。

在景观和建筑设计上，柏联普洱茶庄园讲求对当地传统建筑的延续与再创新，其中的制茶坊由著名建筑设计大师邢同和执笔设计，全钢架结构、全玻璃外墙和隔断的精制厂房，把具有云南傣族、布朗族民居特色的木材、茅草、小挂瓦、回廊、尖顶等元素自然地融入其中，与周围茶园浑然一体，既方便游客观光，又可以保证生产环境的整洁，缔造了一座集后现代建筑美感和傣族、布朗族民族特色于一体的"茶园里长出来的制茶坊"。

从旅游体验上，设计了普洱茶从采茶、洗茶、揉茶、晒青、压饼、包装、储藏的全过程体验环节，同时配套有野外度假酒店和度假会所，打造高品质的茶园旅游度假综合体，构建和引领以普洱茶文化为核心的生活方式。

从发展理念上，坚持生态保护优先、乡村社区共兴理念，庄园内的茶山寨即是原生态的布朗族村寨，居住其中的布朗族人变身为庄园内的一分子并参与庄园的发展。来到这里的游客，可以随当地的布朗族人一同祭祀茶祖，听布朗族老人讲述茶祖的故事；去寨中的寺庙中祈福保佑；品尝布朗族女主人亲手烹制的以茶鲜叶作为原料的美食；和布朗族姑娘上山采茶，晒青，揉捻，压制，跟随布朗族人学习如何制作一饼好茶。从此当地的茶文化得以传承和发展，同时乡村社区也获得了良好的发展机会。

第三节 打造高端大气的度假之乡

一、模式解读

（一）核心理念

打造乡村旅游度假之乡就是要树立一个乡村就是一个综合性度假基地的理念。农村地区闲置的农宅与土地资源进行统一规划，通过专业化的运作达到打造特色品牌度假项目的目的。

（二）村落特征

1. 村落生态优良

度假村与传统的乡村旅游项目有所差别，度假村的建设在区位因素的上的要求与传统乡村旅游也有较大的差别，比如度假村对农村生态环境以及农村意向要求较高，但对交通条件便利与否关系不大，而传统乡村旅游项目的规划与交通条件关系密切。度假村作为农村休闲旅游的终极模式，主要是依靠农村地区优美环境与乡土气息作为经营的重点。

2. 房屋空置率高

随着城市化进程的不断加快，农村人口向城市转移，很多村落出现了大量的空置房屋，这些房屋为农村地区开展度假游提供了极大的优势，将这些闲置房屋收租后，由旅游开发部门进行统计的规划与管理，对房屋进行硬件升级，打造舒适、简洁的农村特色度假居住场所。在很多开展乡村度假游的地区，核心区域往往是由之前的"空心村"或新村搬迁之后的废弃旧村规划改造而成的，农村度假休闲旅游的开发使这些闲置的房屋与逐渐衰落的乡村重新焕发了生机。

3. 建筑风貌良好

度假村的乡居模式最为突出的特点就是居住环境的乡土气息与原生态性，因此大部分居住场所由传统院落升级改造而成。在农村地区由于周边生态环境的差别，房屋与庭院的建设无论是在材质还是在建筑风格上都会有所差异，比如山区的石头房、黄土高原的窑洞、平原地区的四合院、森林地区的竹屋、木屋等。这些形制各异，特色突出的农村乡居资源是农村地区开展度假游的重要依仗，也是农村度假村的经营特色所在。

（三）模式要点

1. 闲置农宅整体打造

将农村地区因人口迁出、外出务工等原因闲置的宅院进行收租，集中起来统一由旅游规划与管理机构对其进行整体的改造升级改造，突出农村地区居住特色，将落后的乡村改造成高端、大气的度假旅游基地，带动农村地区经济的发展。

2. 高端度假品牌塑造

对度假基地乡村房屋与庭院的改造必须要符合当地的建筑文化传统，通过合理的布局与建筑形式设计突出农村生活特色，对于农村住宅的改造，要坚持留其形、保其韵、换其"心"的原则。这里的"心"是指不影响整体建筑形式下对住宅内部基础生活设施与美学享受的建设与追求。

3. 村民参与方式营造

度假乡居要将其置于农村日常生活之中，当地的居民要紧密地参与进来，这里所说的参与进来主要包括两层含义。

第一，农村地区居民以不同方式入股度假村，保证农民能在其为乡村旅游发展做出贡献的同时享受其成果。

第二，农村居民要保持淳朴的传统民风，让度假者有一种置身于真实农村生活的感受。

二、模式推动力

（一）城市回归乡村的旅游市场需求

车水马龙的喧嚣使得城市现代拥挤、吵闹，长期居住于城市的居民对回归乡野、拥抱自然、返璞寻真有一种发自内心的渴望与追求，因此虽然深山度假路途遥远，交通不便但仍有很多人乐此不疲地寻找心灵上的安静，正是这种需求使得农村度假旅游开始逐渐兴起。

（二）粗放式大众旅游向精致化小众旅游转变

小众旅游与大众旅游相对，它是指旅游项目、旅游目的区别于大多数人的一种流行于少数人之间的旅游活动，从某种意义上来说小众旅游可以看作一种精英旅游项目。随着人们文化知识水平的逐渐提高和城市生活烦恼的侵扰，越来越多的人对乡村度假投来了关注目光，但这并不影响乡村度假旅游的精致性。

三、模式构建

（一）唤醒沉睡资源——闲置资产流转

度假休闲村的打造需要大量的资金，才能完成对住宅的改造以及农村基础设施建设的升级。农村闲置住宅资源的流转事实上对我国城乡要素互动一种客观推动，不仅在农村地开展城市住宅资源的流转交易，还促进了城市化的步伐。

1. 资产流转的本质

闲置资产流转从本质上来说最主要的特点是资产的所有权不发生变化，其价值的实现是通过出租获得。在乡村旅游发展的过程当中，农民通过对农村度假村进行投资，获取收益，这是农村地区获取旅游发展资金的重要途径，对于乡村旅游的发展具有重要的意义。

2. 资产流转的关键

资产的流转是否能够顺利的主要因素是承租者利用资本或者土地经营的效益。在乡村旅游活动发展过程当中，想让农民全身心地投入到乡村旅游的规划与开发过程当中，必须要尊重农民的利益，利用旅游提高乡村地区的生活水平。

3. 资产流转的形式

资产流转可以采取多种流转形式，出租、入股、转包、出让等为资产流转的主要形式。

（1）出租。出租是一种重要的资产流转方式，具体来说是指出租人与承租人之间通过合约将某一时间内资产的使用权限进行转移的一种行为。一般来说，在乡村旅游活动的发展过程中，农民愿意将一部分资产在一定时期内出租给承租者使用，承租者要按照双方的约定向农民支付固定的收益。资产出租的期限是双方在协商一致的基础之上确定的，但合同的期限不超过农民对资产的使用权限。

（2）入股。入股也是在农村地区发展旅游业进行资金流通的重要手段，一般来说入股是通过股份制合作实现的，在双方的合作中，农民以入股资产的使用权作为划分股份与收益的标准。实际上如果是农村地区旅游活动发展的一种重要实现手段，这种"利益共享"的精神实际上无论是对于资产的使用者还是出租者来说都具有积极的作用。

（3）转包。转包是将土地或者资产的使用权包给第一方，一般来说转包的期限不应该超过农户对资产的使用权限的期限。在转包的过程中转包方必须保证自己与原承包者之间关系的稳定性，否则会对最终承包者的利益造成一定的不利于损害。

（4）出让。这种方式是指农民在获得一定的资金补助之后，放弃其对土地剩余承包期限的一种永久性资产转移方式。在这种情况下，农民会获得一定的资金补偿，但是失去了对土地使用权的承包资格，其承包的权利与使用的权利交给了承包资产的经营者。

（二）规范开发方式——整合开发，乡土时尚结合

1. 开发主体

（1）村集体统一整合开发。在农村集体开发旅游项目时，资金的主要来源是乡间筹集，在获得资金之后将闲置的农村住宅与土地资源进行统一的规划与开发。在开发的过程中要保证其外部造型的乡土气息与农村特色，内部则要进行现代装修，保证游客能够享受到舒适、便捷的服务。

（2）村集体与专业旅游公司共同开发。村集体通过筹集资金对乡村旅游资源进行开发的过程中，可以吸收外来的投资，通过与旅游企业合作的形式来保证乡村旅游开发的专业性，保证乡村旅游规划能够取得良好的成果。在这种合作方式当中对旅游企业的要求是，有一定的资金基础，对旅

游活动的开发与管理具有一定的经验，且能够长期坚持对当地乡村旅游进行开发。村集体在合作的过程中，需要组织好村民保证其对资产出租的同意意愿，并与旅游公司达成良好的合作协议，保证村民的利益与旅游规划与开发的正常进行。

2. 开发要点

（1）乡味保留与展现，最大程度展现乡村风貌。

第一，建筑材质乡土化。乡村度假基地的建筑风格要体现当地的传统农业文化特色，保持古香古色的年代质感，主张"天人合一"与周围的环境融洽协调。此外，在对乡村的房屋与庭院进行改造的过程中要充分利用当地的优势资源，无论是木材、石材还是其他材料都要融入建筑物的规划设计当中。

第二，旅游体验乡土化。旅游体验作为一种主观认识层面的意识活动，是人们对旅游活动以及旅游产品最直观与最深入的情感反馈。在乡村地区规划旅游项目与旅游产品的过程当中，应对农村地区的各种特色资源进行创造性的开发，比如农村地区的果园可以开发成采摘园，农村特色的民居可以改造成为特色的农村生活体验单位等等。

第三，度假氛围乡土化。度假乡居，最本质的就是突出乡村特色与乡村氛围，这个问题们可以从两个角度来理解：①要抓住农村的景观特征，通过水井、篱笆、石磨等具有浓烈乡村特色的意向来营造浓郁的乡村风格；②最大限度地保证原有居民的传统生活状态，保留农村地区的生活气息，从而保证在"软件"上实现农村风格的保留。

（2）高端品质度假，最大程度提供舒适奢华体验。满足度假功能，是度假乡居模式的重要特征，也是乡村旅游升级的重要表现。在追求乡土、质朴的同时，兼顾度假的品质与舒适。外旧内新、外朴质内奢华的反差组合，更营造出独特的度假体验。

（三）专业管理方式——资产运营管理

1. 运营主体

（1）专业运营管理公司。在对闲置的乡村资产进行管理的过程当中，要有计划对其进行统计地规划与开发，一般来说都是通过专业的运营公司来对其进行开发与管理，比如度假酒店等旅游行业企业。很多著名的度假村都是与酒店企业进行专业的运行与管理，这是一种相对成熟的运作模式。

（2）村集体统一运营管理。村集体通过合作社的方式对度假村进行经营与管理，这种管理是集体管理的一种方式，能够充分保障集体对度假旅游项目的管理权利与管理效果，对当地区农民的权益也有较好的保护，并且可以防止个体经营者通过不正当的恶性竞争来抢夺市场。

2. 运营要点

（1）全力塑造度假品牌。在乡村旅游度假基地运营与管理的过程当中，要以现代化的运营与管理理念来引导管理工作的进行，比如要树立品牌意识，注重产品的市场形象与口碑，通过内部改革与外部监督共同促进品牌形象的形成，为度假基地的长期经营打下基础。

（2）充分调动农民积极性。调动农民的积极性主要应该从两个方面入手。

第一，要让农民参与到度假基地的规划与建设当中，在度假村建成之后雇佣当地村民在度假村工作，对他们进行工作技能与服务技能培训，保证他们的利益。

第二，要让农民从度假村的建设与发展中获得切实的利益。我们知道乡村度假基地的可以让村民参股，每年可从中获得一定的分红，并且随着度假旅游活动的兴起，农民还可以从中获得其他的利益。

（四）三方效益共赢——乡村效益升级

1. 投资开发商——经济效益与品牌效益

乡村度假旅游基地的建设与开发的作用我们可以从两个方面来理解。

第一，直接作用。旅游度假村的开发能够带动当地旅游产业的发展，使得当地农民的生活水平得到提升。

第二，间接作用。旅游度假村的发展会提高农村地区的知名度，在形成品牌效应之后，会带动当地其他服务行业的发展，这对于改善我国农村经济结构具有重要的意义和作用。

2. 农民——最直接的受益者

乡村度假基地的建设当中最直接的受益者是农民，因为度假基地的建设会为农民带来三种直接的经济收入。

（1）租金收入。在乡村度假基地的建设过程当中，农民闲置的房屋、庭院、土地等资源将会被度假村承包，农民可以直接从出租中获得经济收入。此外，在度假村建设的过程中农民的特色种植活动可能会受到度假村的关注，一般会给农民一定补贴让农民进行特色农业重现，保证农村度假基地乡土气息的浓郁与农村特色的突出。

（2）分红收入。在乡村度假基地的建设过程当中，村民可以通过住宅、土地等方式入股度假基地，成为度假村的股东，在度假村投入经营之后可以定期从获得分红，这是保证农村地区居民生活水平提升的重要经济收益。

（3）工资收入。在乡村度假基地投入运营之后，度假村的运营与服务需要大量的工作人员，除中高层管理人员外，当地的村民可在度假村参与工作，从而获得稳定的工资收入，为我国农村地区经济的发展做出贡献。

3. 乡村——推动乡村升级发展

度假乡村基地在规划建设的过程当中，会改善当地的基础设施建设，比如当地的交通条件、村容村貌、通信设施、垃圾处理制度等会相继建设与完善，这对于改善我国农村地区的生活状态，促进我国农村地区的可持续发展，建设美丽乡村具有重要的意义。

四、模式借鉴——南安阳村落保护推动度假游发展

（一）概况

南安阳村位于阳城县城东六公里处，背依析城山，与阳济公路隔河相接，山清水秀，风景宜人，南接中原，北达太原，地理位置十分优越。全村460户，1 503人，共有8个村民小组，耕种土地面积约1 200亩。2011年生产总值为6 965万元，总收入约5 100万元，农民人均纯收入达6 230元。南安阳村历史悠久，文化底蕴深厚，坐落在村东的潘家十三院是有名的古民居建筑，其占地总面积6 000余平方米，共有房屋390间。十三院和村内书房院、新院、花院等古建筑细部及周边环境基本上原貌保存完好，建筑特色是我国北方清代稀见的九间头四合院，具有古建筑研究和旅游开发价值。改革开放后，潘家大院被阳城县人民政府列为"县级文物保护单位"。

由于南安阳村保存了较为完整统一的历史风貌，且研究开发价值较高，该村于2006年11月23日被山西省政府公布为第二批历史文化名村，并成为著名旅游景点。

（二）南安阳开发保护面临的问题

从今天来看，南安阳村传统建筑保持较为完整，自其建村以来建筑的规制与形式没有发生重大的变化，基本保持了古代传统的民居特色，并且南安阳村四周环境优美，具有相当高的旅游开发价值。在对南安阳进行旅游开发之前，村落建筑由于年代久远已经出现了各种各样的问题，传统的建筑亟待保护，但资金的缺乏使得当地的古建筑保护工作一直未能开展起来。

潘家大院是南安阳村具有地方代表性的古代建筑，大院已经被当地村民改建成幼儿园使用，但其他的建筑部分都保留相对完整，虽然木雕因为年代问题开始出现腐朽的问题，但总体上不影响保护的开发与使用。在抗日战争期间潘家大院由于受到枪炮等武器作用的影响，出现了一些问题对其进行保护与开发，促进当地乡村旅游的发展已经成为当地面临的重要问题。

南安阳村丰富的古建筑资源以及极高的开发价值与开发前景，得到了当地政府与山西省旅游开发部门的重视，2006年山西省将其定为山西历史文化名村，并开始对其进行旅游开发，促进了当地古建筑资源的利用与保护。在南安阳村设置了建筑保护与修复计划公示窗口，让村村民能够了解到各项保护措施以及发展的规划；对需要修复与保护的建筑进行隔离，并通过张贴设置警示物的方式来避免村民日常生活对古建筑的破坏；加大资金投入，每年用于古建筑修复的资金要保证充足。

虽然南安阳地区的古建筑保护与开发得到了各级政府的重视，但是由于该地区旅游产业发展相对滞后，知名度相对较低，因此景区对经济的发展与带动作用并不明显，此外由于基础设施建设落后，旅游管理制度不健全，当地的乡村旅游并没有如火如荼地发展起来。

因此，在这里我们应该转变思路改变南安阳发展的思路，古镇旅游竞争力不足，可以培育当地的乡村度假旅游，由于南安阳村周围自然环境相对较好，因此要从充分发挥自己的优势，在延续自己传统古文化村落的优秀旅游资源的同时，积极发展乡村度假旅游，打造古香古色的古典度假休闲基地。

（三）南安阳度假游开发举措

1. 转变观念，保护与开发并举

首先，要保证南阳村保护与开发的整体性。整体开发是对古建筑资源进行保护的重要手段，因为建筑环境群落以及古镇的空间布局与道路空间都对古镇整体风貌的呈现具有重要的影响。南安阳村在进行开发保护的过程中要充分保证其文化的传承性，增加建筑的方式不可取，要在原有建筑和布局的基础上对现有存的建筑进行保护，并对部分建筑内部进行翻修与现代化的改造，这样可以形成特色民居与古建筑文化旅游相结合的农村古镇度假居住旅游模式。

其次，保证旅游规划与建设的质量。品质是打造品牌的前提与基础，没如果没有过硬的品质得不到旅游者的认可，那么打造南安阳旅游名片将无从谈起。在充分利用当地历史文化传统的基础上，依据我国传统文化的特点与现代技术，对南安阳的建筑资源进行开发与保护，提高当地旅游行业发展的质量与水平。

2. 多方投入，恢复村落整体风貌

在南安阳村旅游项目规划与开发的过程中，要保证旅游资源的吸引力必须保证传统建筑的空间布局，保证传统建筑形式的完整性，然后根据现代旅游的需求对各种服务设施进行完善与管理，具体来说保护与开发的措施主要包括以下几项：

（1）加大投入，成立专门的古建筑文化保护小组，负责南安阳村古建筑的日常维护与保护计划的制定。

（2）加大文化保护以及可持续开发利用的宣传，改变人们传统的发展理念与发展思路，让人们认识到保护的重要意义。

（3）抽调人力，引入社会资金与力量对传统的建筑文化进行保护，尤其是在人力上，拓宽志愿者的志愿服务项目，保证足够的人力来保护古代建筑文化资源。

（4）对于已经造成破坏的文物要保持其现状，对于损坏的部位与零件，要进行回收，如果条件允许要对其进行修复。

（5）对于已经被破坏并且没有得到完整保留的文物，要尽快对图纸进行复原，然后着手对建筑进行修复。

（6）各家各户对现存的古建筑资源要进行备案登记，加大保护的力度，严禁私自贩卖各种古建筑听不见文物资源。

3. 突出特色，提升旅游文化内涵

历史文化名村具有悠久的历史，并且保存了完整的物质资料依存，尤其是建筑历史文化资源能有着极为重要的历史价值与文化价值。山西晋商文化在中国历史上留下浓墨重彩的一笔，历史文化名村保留了当时晋商文化的特色，是山西优秀历史文化遗存的代表。因此，要解决南安阳村历史文化遗存的保留要对其中的历史文化价值进行深层次的挖掘，结合民俗的保护、文化的传承进行旅游开发。

参 考 文 献

[1] 兰虹,汪俐君,何南君.乡村振兴战略下新时代旅游扶贫创新路径研究[J].绥化学院学报,2019,39(6):39-43.

[2] 叶边鱼.乡村旅游在乡村振兴中大有可为[N].韶关日报,2019-05-20.

[3] 李笑颖,黄蔚艳.乡村振兴与乡村旅游发展[J].中国商论,2019(8):205-206.

[4] 鲁小波.乡村旅游在乡村振兴中的作用与模式研究[J].决策咨询.2019(2):91-96.

[5] 李保玉.乡村振兴战略下乡村旅游发展的新路向[J].长春师范大学学报,2019,38(4):110-113,123.

[6] 佚名.提升乡村旅游发展质量推动乡村振兴战略实施[J].山东人大工作,2019(4):4-8.

[7] 银元,李晓琴.乡村振兴战略背景下乡村旅游的发展逻辑与路径选择[J].国家行政学院学报,2018(5):182-186,193.

[8] 潘青.乡村振兴视角下农村旅游扶贫策略研究[J].农业经济,2018(10):87-89.

[9] 林锋.发展乡村旅游助力乡村振兴[J].中共山西省委党校学报,2018,41(5):60-63.

[10] 孙国学.乡村振兴战略背景下乡村旅游发展的新视角[J].北方经贸,2018(8):150-151.

[11] 陈望衡,陈李波.自然性与文化性的统[J].武汉大学学报(人文科学版),2006(9):545-550.

[12] 侯文蕙.荒野无言[J].读书.2008(11):57-66.

[13] 黄成林.乡村旅游发展若干问题研究[J].安徽师范大学学报(自然科学版),2006(4):390-394.

[14] 彭兆荣.旅游人类学视野下的"乡村旅游"[J].广西民族学院学报(哲学社会科学版),2005(7):6.

[15] 刘铁芳.乡村文化的危机[J].中国老区建设,2006(12):42-45.

[16] 付明星.现代都市农业——休闲农业与乡村旅游[M].武汉:湖北科学技

术出版社，2012.

[17] 赵洪波，刘宝会.休闲农业与乡村旅游服务员实用教程[M].北京：中国农业科学技术出版社，2014.

[18] 耿红莉.休闲农业与乡村旅游发展理论和实务[M].北京：中国建筑工业出版社，2015.

[19] 常若松.人类心灵的神话：荣格的分析心理学[M].武汉：湖北教育出版社，2001.

[20] 海德格尔.技术的追问[M].李小兵等译.北京：东方出版社，1995.

[21] 匡雅雯.乡村振兴战略研究：现实问题与路径选择[D].东北财经大学博士学位论文，2018.

[22] 曹国新.文化古村落：一类独立的旅游资源[D].江西师范大学博士学位论文，2004.

[23] 刘华领.可作为文化遗产的古村落保护与旅游开发研究[D].华中科技大学博士学位论文，2004.

[24] 刘红艳.乡村旅游开发研究[D].中南林学院博士学位论文，2001.